Kozue Jaroš-Matsuo

Die echte japanische Küche

Kozue Jaroš-Matsuo

Die echte japanische Küche

Mary Hahn Verlag

Besuchen Sie uns im Internet unter: http://www.herbig.net

Schutzumschlaggestaltung: Wolfgang Heinzel
Umschlagmotive: Eberhardt Grames/Bilderberg
Kalligrafien: Kozue Jaroš-Matsuo
Layout: Wolfgang Heinzel
Satz und Herstellung: Andrea Cobré
Gesetzt aus: 11/16' Neue Helvetica Cond.Light
Druck und Binden: Westermann Druck, Zwickau
Printed in Germany
ISBN 3-87287-479-9

Inhalt

目次

Gartenpfad, Teeraum!
Der Gast und mit ihm sein Wirt
gemeinsam beim Tee,
ihr Wirken ist Harmonie
und nichts steht zwischen ihnen.

Teemeister Rikyuu, 1522–1591

Vorwort

序文

Ich komme aus Naruto, einer kleinen Stadt am Meer auf der viertgrößten Insel Japans, Shikoku. Unser Haus stand in einem kleinen Tal zwischen Reisfeldern und bewaldeten Hügeln, unweit des Meeres. Am liebsten wanderte ich über die Hügel und sammelte das zu allen vier Jahreszeiten wild wachsende Obst, Gemüse und Pilze. Wenn gerade Ebbe war, grub ich mit meiner Schwester Muscheln aus. Meine Mutter kochte aus der Beute schmackhafte Gerichte und ich lernte so von ihr viele alte Rezepte kennen und lieben. Während nach dem 2. Weltkrieg die meisten Menschen in Japan mit dem Hunger kämpften, war es für mich eine wunderschöne Zeit. Ich fühlte mich wie ein Mensch aus der Zeit meiner Vorfahren.

Seit 35 Jahren lebe ich nun, zusammen mit meinem deutschen Ehemann, in der Nähe von München. Meine Liebe zur japanischen Küche ist ungebrochen und ich gebe sie in Kochkursen an der Volkshochschule weiter. Dabei machte ich die Erfahrung, dass das Wissen über Japan im Allgemeinen und die japanische Küche im Besonderen in Deutschland nicht sehr groß ist. Dafür gibt es umso mehr Vorurteile, auf die ich kurz eingehen möchte.

Japan ist nicht China: Sowohl in Sprache als auch Kultur sind beide Länder sehr verschieden. Die Japaner essen auch keine Hunde, indes es diese »Küche« auch in China nur im Süden gibt.

Auch sind die Japaner weder Vegetarier noch ernähren sie sich von rohem blutigen Fisch. Die echte japanische Kochkunst hat nichts zu tun mit Modeerscheinungen wie Feng Shui, Yin Yang, mikro- und makrobiotischer Küche, Veganern, Trennkost, Kung-Fu oder Fu Yen. Die Japaner leben lediglich in einem anderen Teil der Erde mit anderem Klima, Tieren und Pflanzen, und ernähren sich folglich auch etwas anders. Moderne Japaner essen zwar die japanischen Speisen, die ihren Ursprung oft im Altertum haben, nehmen aber auch dieselbe Kost wie Europäer und Amerikaner zu sich.

Im Folgenden gebe ich zunächst einen knappen Überblick über die japanische Esskultur. Bei meinen Recherchen entdeckte ich zu meinem Erstaunen, dass die große Mehrzahl der Bücher über meine Heimat schwer verständlich geschrieben ist und Vorurteile oder Fehler oft von anderen Büchern übernommen werden. Die ungeheure Schwierigkeit der genauen Übersetzung so unterschiedlicher Sprachen wie Deutsch und Japanisch wurden mir erst jetzt bewusst.

In einem zweiten Teil stelle ich klassische japanische Rezepte vor, die sich in Jahrhunderten bewährt haben.

Wenn ich früh am Morgen aufwachte, hörte ich ein sanftes, rhythmisches Klopfen aus der Küche. Meine Mutter war schon aufgestanden und schnitt mit einem Messer Gemüse für das Frühstück. Wenn ich zu ihr kam, sagte sie:
»Bitte bring' den gekochten Reis zum Hausaltar!« und gab mir den noch dampfenden Reis in zwei winzigen Porzellanschalen mit langem Fuß. Der Reis war kuppelförmig aufgehäuft, so wie es vor über 1000 Jahren die Priester bei ihren Opfern an die Götter getan hatten. Nicht nur den Reis, sondern auch die ersten Früchte der Jahreszeit oder sogar Geschenke mussten wir zum Hausaltar bringen. Ohne diese Zeremonie durften wir mit dem Frühstück nicht beginnen.

Die Entwicklung der japanischen Küche

日本料理

Jeder in Europa kennt Japan und die Japaner – zumindest glaubt er das! Das Fernsehen, Zeitschriften und Bücher bringen unzählige Berichte über das Inselreich im Fernen Osten. Beim genauen Hinsehen ist jedoch die Vorstellung, die im Westen von Japan herrscht, voller Irrtümer, bestenfalls Klischees, wie sie schon in den 60er Jahren verbreitet waren. Im Grunde weiß man über die Lebensweise der Japaner wenig, so auch über die japanische Esskultur, auch wenn derzeit Sushi-Restaurants wie Pilze aus dem Boden schießen. Der folgende Blick in die 1000-jährige Geschichte der japanischen Kochkunst soll das ändern und einen Einblick in die Esskultur Japans geben.

Die Vorgeschichte

Vor 4000 Jahren bekam die Bevölkerung der japanischen Inseln ihre Nahrung aus den Bergen und dem Meer. Das Klima war mild, Muscheln, Fische, Landtiere und Pflanzen gab es im Überfluss. Der Beweis dafür sind die vielen uralten »Kaizuka«, Muschelgräber, die in ganz Japan zu finden sind. Die unglaublich vielen Muschelschalen verraten die urzeitlichen Essgewohnheiten und sind so, aus archäologischer Sicht, sehr wertvoll. Über 200 verschiedene Muschelsorten sind auf manchen Abfallhaufen entdeckt worden, ein Teil davon ist heute in Vergessenheit geraten. In den Kaizuka findet man nicht nur Muschelschalen, sondern auch verschiedene Knochen- und Grätenteile von Landtieren, Vögeln und Fischen, wie man sie im Japanischen unterscheidet. In einem kleinen Dorf verzehrten die Bewohner über 100 verschiedene Tierarten. Das Inselvolk aß also eine sehr gemischte Kost, die Japaner waren keine Vegetarier.

Etwa um 300 v. Chr. wurde der Reisanbau in Japan eingeführt. Der Reis bewirkte eine umwälzende Änderung der Essgewohnheiten. Seither steht für die Japaner der Reis im Zentrum des Lebens und der Ernährung, das hat sich bis heute nicht geändert. Warum ist das so? Vermutlich gibt es dafür mehrere Gründe: In Japan ist es im Sommer heiß und feucht mit vielen Niederschlägen, ideal für den Reisanbau. Zudem ist Reis das ertragreichste Getreide, im Jahr ist eine zweimalige Ernte möglich. Reiskörner können in der Hülse viele Jahrzehnte lang aufbewahrt werden und bleiben essbar. Einem japanischen Wissenschaftler ist es sogar gelungen, 2000 Jahre alte Reiskörner in der Hülse, die in einem irdenen Topf gefunden wurden, zum Keimen zu bringen. Und nicht zuletzt ist Reis sehr nährstoffreich. Der Reisanbau veränderte das japanische Leben vollständig. Wer viel Anbauland für Reis hatte, war reich und besaß deshalb mehr Rechte in der Gesellschaft. So entstand der Adel und das Zeitalter des Feudalismus begann.

Die Nara-Zeit

Was haben die Adelsfamilien als Beilage zum Reis gegessen und wie wurde dieser zubereitet? Zum Glück gibt es seit dem 7. und 8. Jahrhundert n. Chr., der Nara-Zeit, schriftliche Überlieferungen. In dieser Epoche drang der Buddhismus langsam aus China nach Japan vor, wo seit jeher der so genannte Shintoismus verbreitet war, eine schwer zu fassende Naturreligion, die auch in der Gegenwart noch das japanische Leben durchdringt. Die Speisen des damaligen Adels hatten Ähnlichkeit mit den Opfern an die Shintogötter. Auch heute noch bereiten die Shintopriester auf zahlreichen Festen manche Gaben ganz im alten Stil zu.

Und auch das spezielle Neujahrsessen bei vielen Familien hat seinen Ursprung in der Nara-Zeit.

In dieser Zeit hat man den Naturreis einfach gedämpft. Er hieß Kowa-ii, harter Reis, war bissfest und musste recht lange gekaut werden. Den Reis in Wasser weich zu kochen, wurde erst viel später praktiziert. Bei feierlichen Anlässen blieb die Tradition des gedämpften Reis erhalten, zum Beispiel bei dem Gericht Okowa, gedämpftem Reis mit roten Azuki-Bohnen.

Die Bauern lieferten dem Adel außer Reis auch viel Gemüse, meist in getrocknetem Zustand, um es lange aufbewahren zu können und weil es den Transport erleichterte. Das Trocknen an der Sonne verstärkt den Geschmack und beim Rettich beispielsweise erhöht sich zusätzlich der Gehalt an Calcium, Vitamin B1 und B2.

Nicht nur Gemüse, sondern auch Vögel, Fische, Muscheln und andere Tiere wurden in der Nara-Zeit gesalzen und getrocknet.

Diese getrockneten Speisen wurden eingeweicht und zum gedämpften Reis gegessen beziehungsweise in gekochtem Zustand weiter verarbeitet.

Es gab auch andere, noch kompliziertere Zubereitungsarten, etwa die Naturalien in Öl anzubraten und dann zu kochen.

Bemerkenswert ist, dass die Kaiserfamilie in der Nara-Zeit viel Milch und Milchprodukte von Kühen und Ziegen zu sich nahm. Täglich wurden der kaiserlichen Familie etwa 5,7 l Milch geliefert. Die Milch als Nahrung zu verwenden, kam vermutlich mit dem Buddhismus aus Indien über China und Korea nach Japan. Anfangs war die Milch nur für die Kaiserfamilie bestimmt, aber der Milchkonsum verbreitete sich langsam über die Adelsfamilien bis zu den reichen Grundbesitzern. In alten Aufzeichnungen kann man lesen, dass die Adeligen Butter, eine Art Kondensmilch, Sauermilch und Käse verzehrten.

Der Adel dieser Zeit war durch die ausgeglichene Ernährung recht gesund.

In der Nara-Zeit war die Kochkunst noch nicht so entwickelt wie heute.

Die Zubereitungsmethoden waren Grillen, Einmachen oder Trocknen, die meisten Speisen wurden dann kalt gegessen. Aber beim Kaiser kam selbst warmes Essen abgekühlt an, da der Weg von der Küche bis zum Kaiser derart weit war. Da auch Katzen kein heißes Futter fressen, formte der Volksmund liebevoll das Sprichwort: »Der Kaiser hat eine Katzenzunge«.

Das wichtigste Gewürz der Adeligen war Hishio, der Vorläufer der heutigen Sojasauce. Damals war Hishio noch dickflüssig, eine klebrige Paste. Es gab drei verschiedene Arten Hishio: ein pflanzliches, das aus verschiedenen Gemüsen mit Salz und Essig eingemacht und vergoren wurde. Dann kannte man ein tierisches Hishio aus Fisch, Vögeln, frischen Muscheln, Seeigeln, Shrimps und weiteren Meerestieren. Heutzutage kennen wir ähnliche Produkte wie Fischsauce oder Sardellenfilet in Salz.

Schließlich verwendete man noch ein Hishio, das aus vergorenem Reis, Weizen und Sojabohnen hergestellt wurde. Um den Gärungsprozess zu beenden, fügte man Salz hinzu.

Auch Sake (Reiswein), Essig, Honig, Süßwurzel und getrocknetes Obst dienten zum Würzen. Sake, noch nicht klar und durchsichtig wie heute, sondern trüb, ungefiltert und dickflüssig, gehörte zu den Opfergaben an die Priester. Aus China und Korea kamen unbekannte Gewürze, wodurch eine Vielfalt von neuen Geschmacksrichtungen entstand.

Gewürze wie Salz, Essig und Hishio wurden getrennt in einzelnen Schälchen serviert, so konnte sie jeder nach seinem eigenen Geschmack zusammenstellen. Auch alle anderen Bestandteile der Mahlzeit wurden auf eigenen Tellern und Schüsseln einzeln serviert. Das typische Merkmal der japanischen Mahlzeit, eine Unzahl von Tellern, Schüsseln, Töpfen, Tiegeln jeder Größe und Art, wie sie den Ausländer so verwirren und faszinieren, hat somit seinen Ursprung in grauer Vorzeit.

Die japanische Wohnkultur ist eine Sitzkultur ohne Stühle und Tische. Esstische, wie sie die Europäer kannten, waren nicht vorhanden. Deshalb wurden die Speisen auf dem Boden auf kleinen Holztabletts mit und ohne Füßen serviert. Das bedeutet, bei großen Feierlichkeiten standen vor den Gästen oft bis zu acht einzelne Tabletts. Die Tabletts, die in den Shinto-Tempeln der Nara-Zeit verwendet wurden, waren aus unbehandeltem hellen Holz, meist das des Hinoki, des Lebensbaums.

Die Heian-Zeit

Mit der Verlagerung der Hauptstadt von Nara nach Kyoto begann 794 n.Chr. die Heian-Zeit.

Die Kultur war hoch entwickelt und besonders die Hofdamen trugen einen bedeutenden Teil dazu bei. Berühmt wurde der von einer Frau in einer eigens entwickelten Silbenschrift geschriebene Roman »Genji Monogatari« (Geschichten vom Prinzen Genji), in Japan ein Klassiker.

Lebensart und Esskultur des Adels änderten sich im Vergleich mit der Nara-Epoche nur wenig. Der Buddhismus erstarkte jedoch in zunehmendem Maße und drang tiefer in das tägliche Leben der Adeligen ein. Der Glaube untersagte tierische Nahrung und – damit zusammenhängend – den Verzehr von Milch und Milchprodukten. Fisch, Meeresfrüchte und Vögel waren seltsamerweise von diesem Verbot ausgenommen. Besonders Lachs, Bonito, Meerbrasse und Fasan befanden sich häufig auf dem Speisezettel der Vornehmen.

Das Leben des Adels wurde immer großartiger und luxuriöser, er feierte zahllose Feste mit üppigen Festmahlen. Dabei fragte keiner nach dem guten Geschmack der Speisen, wichtig waren nur die Vielfalt, die Menge der Zutaten und die Dekoration, d.h. das Aussehen der Gerichte.

Hinzu kam eine neue Attraktion: Ein begabter Koch zerlegte vor den versammelten Gästen mit einem Messer einen Fisch, gab gewissermaßen eine Kochvorführung der besonderen Art.

Der »Hocho no michi«, der Weg des Messers, verbreitete sich rasch unter dem Adel, und so entstand eine eigene Kunstart, vergleichbar der Kunst des Blumensteckens und der Teezeremonie. Dieser Brauch stand in hohem Ansehen und wurde vom Vater an den Sohn oder einen Schüler weitergegeben.

In der Hauptstadt Kyoto und deren näheren Umgebung blühte das Leben des Adels unter dem Einfluss der Hohen Kultur und des buddhistischen Glaubens. Bauern, Krieger und Stadtbewohner jedoch waren arm geblieben. Naturkatastrophen wie Taifune, Dürre und Überschwemmungen führten oft zu Missernten beim Hauptnahrungsmittel Reis.

Weiter im Osten hingegen, fern der Hauptstadt, lebten die Japaner freier und hielten sich nicht so genau an die buddhistischen Nahrungsgebote. Sie übten Schwertkampf und jagten, als Kriegsübung, mit Pfeil und Bogen Vögel, Hasen und Wildschweine in den Wäldern. Trotz des Verbots verzehrten sie ihre Beute und waren durch diese Art der Ernährung kräftiger und gesünder als der mittlerweile verweichlichte Adel. Aus ihnen wurden tapfere Krieger, die Samurai, die dem dekadenten Hofstaat der Heian-Zeit ein Ende bereiteten.

Die Kamakura und Muromachi-Zeit

Es folgte eine unruhige, blutige Epoche. Jeder kämpfte gegen jeden, bis die Hauptstadt nach Edo, dem heutigen Tokyo, verlagert wurde.

Dennoch entwickelte sich die japanische Kochkunst durch eine Reihe Neuerungen rege weiter: Bislang kannte man nur die Zubereitungsarten Grillen, Dämpfen und Trocknen und begann erst jetzt, zur Muromachi-Zeit um 1300 n. Chr., Reis mit Wasser zu kochen, um ihn schmackhafter und weicher zu machen.

Zen-Mönche brachten aus China leichte Gerichte mit, die sie zwischen den zwei Hauptmahlzeiten zu sich nahmen. Zu den bekanntesten zählen die Frühlingsrolle, Nudeln und gedämpftes Brot.

Von den Portugiesen, mit denen die Japaner um 1500 n. Chr. erstmals in Kontakt kamen, lernten sie die Zubereitung von Tempura: in heißem Öl ausgebackener Fisch und Gemüse.

In der Zwischenzeit war die Sojasauce sehr beliebt geworden und wurde in großer Menge produziert.

Auch Tofu und Gemüse waren bei der breiten Bevölkerung populär. Besonders in

Zen-Tempeln entwickelte sich die Tofu-Küche, später als Shojin-Ryori, fleischloses Essen, bekannt. Zucker, Miso und Sesam spielten eine wichtige Rolle. Jegliche tierische Nahrung war streng verboten, auch die in der Heian-Zeit ausgenommenen Fische und Vögel. Selbst für Suppenfonds durften keine Bonito-Späne verwendet werden. Bei den Mahlzeiten in Tempeln war alles geregelt: die Menge der Speisen, die Art des Servierens, die Reihenfolge der Gänge. Selbst jede Schale hatte auf den Tabletts, welche die Mönche vor sich auf den Boden gestellt bekamen, ihren festen Platz. Schlichtheit wurde, verglichen mit den Gelagen des Adels, groß geschrieben. Die standardisierte Form der heutigen Mahlzeiten aus Reis, einer Suppe und drei verschiedenen Beilagen entwickelte sich aus der Shojin-Ryori über die Kaiseki-Ryori, die Teezeremonie.

Der Brauch der Teezeremonie entstand interessanterweise gerade in diesem Zeitalter der Unruhen und Kriege. Alles begann in einem kleinen ruhigen Raum, in den sich der Fürst Nobunaga Oda zurückziehen konnte, um in Ruhe seinen Tee zu genießen. Bisweilen lud er auch einige Gäste ein, die vor dem Eintreten ihre Schwerter abgeben mussten. Schweigend, fast in Meditation versunken, bereitete der Fürst den grünen Tee und servierte ihn nach strengen Regeln den Anwesenden. Im Anschluss wurde über eine Vielzahl von Themen gesprochen und sogar verfeindete Fürsten verhandelten friedlich miteinander. Diese Tradition hat sich bis in die Gegenwart erhalten und die Zeremonie kaum verändert. (Siehe Seite 39)

Der Adel speiste in der Muromachi-Zeit nur zweimal am Tag, morgens und abends. Die Soldaten brauchten in den Kriegszeiten Kraft zum Kämpfen und bekamen deshalb eine zusätzliche Mahlzeit. Diese Gepflogenheit hat sich in Form von drei täglichen Mahlzeiten bis in die Gegenwart gehalten.

Im Gegensatz zur Heian-Zeit war dem Adel nicht die Menge, sondern die Qualität der Gerichte wichtig. Auch bevorzugte er mittlerweile Speisen mit kräftigerem Geschmack.

Das Wichtigste der Küche dieser Zeit war die Einfachheit, der natürliche Geschmack und die Verwendung der Zutaten gemäß den Jahreszeiten. Weil heute die meisten Waren zu allen Jahreszeiten verfügbar sind, verliert sich das Gefühl für die Kochkunst der damaligen Zeit und ihre Beziehung zur Natur.

Die Edo-Zeit

Nach diesen sehr turbulenten Jahrhunderten wurde 1603, zu Beginn der Edo-Zeit, Edo, das heutige Tokyo, die neue Hauptstadt.

Der Shogun hatte die Bevölkerung in vier Klassen eingeteilt. Die Samurai waren an

der Spitze, die Bauern interessanterweise an zweiter Stelle. Es folgten die Handwerker, während die Geschäftsleute den untersten Rang innehatten.
Der Shogun fürchtete die Wirkung des Auslands, besonders den religiösen Einfluss der Kolonialmächte. Er entschloss sich daher, das Land von der Außenwelt abzuschließen. Ausländer, überwiegend Holländer und Chinesen, durften nur in einer einzigen Stadt, in Nagasaki, leben.
Die Edo-Zeit war eine recht friedliche Epoche, gewissermaßen ein Leben unter der Käseglocke.
Die Esskultur entwickelte sich stark weiter und das Fundament für die moderne japanische Kochkunst wurde gelegt.
Die Fürsten lebten immer luxuriöser und erhöhten ständig die Steuern, die von den Bauern in Reis abzuliefern waren. Die verfügbare Reismenge war das Maß für den Reichtum eines Fürsten. Auch die Samurai erhielten als Bezahlung meistens Reis, den sie bei Geschäftsleuten in Geld umtauschten, welche sich dabei schamlos bereicherten.
Das Leben eines gewöhnlichen Samurai war sehr einfach, doch er durfte in der Öffentlichkeit seinen Hunger nicht zeigen. Es musste immer so aussehen, als ob er gerade gut gegessen hätte. Die Samurai scheinen das gut gekonnt zu haben, denn es gibt die Redensart »Bushi-wa kuwanedo takayoji«, Ein Samurai geht mit einem Zahnstocher im Mund spazieren.
Das Essen diente in der Edo-Zeit nicht mehr nur der Sättigung, sondern auch dem Genuss. In den Städten entstanden zahlreiche Läden, die eine Vielzahl von Speisen verkauften, gewissermaßen Vorläufer unseres Schnellimbisses. Und es wurden die ersten großen Restaurants errichtet, einige werden von den Nachkommen der Gründer immer noch betrieben.
Den Stadtbewohnern boten sich viele Vergnügungsmöglichkeiten, sie besuchten beispielsweise Theater oder unternahmen Ausflüge in die Natur: Im Frühling wurden die Kirschblüten bewundert – ein Brauch, der sich bis heute in Form von Familien- oder Betriebsausflügen erhalten hat. Der Sommer war die Zeit der Feuerwerksdarbietungen, in einer Pracht, wie sie den Europäern fremd ist. Der Herbst mit der Melancholie der fallenden Blätter bot den Ausklang des jahreszeitlichen Naturgenusses der Japaner.
Die Verpflegung brachte man selbst mit und picknickte häufig im Freien. Viele Restaurants spezialisierten sich auf die Lieferung der Speisen nach Hause oder an andere Orte.
Damals entstand das berühmte Sushi in der heute bekannten Form. Thunfisch, der bekannteste Bestandteil des Sushi, galt zuvor als Nahrung für die Armen. Gegen Ende der Edo-Zeit, etwa ab 1800, war er jedoch so teuer geworden, dass er bei den Reichen im Ansehen stieg. Sushi wurde oft in die aufblühenden Rotlichtviertel geliefert. In einem

Holzgefäß legte man auf Bambusblätter eine Lage Sushi, packte darüber wieder Bambusblätter und eine neue Schicht Sushi, und so weiter, alles dicht gepresst. Der Bordellbesitzer servierte das Sushi den Gästen auf speziellen Lacktellern. Um den Gewinn zu erhöhen, platzierte er die einzelnen Sushi-Portionen in möglichst großem Abstand schräg nebeneinander, wie man es noch heute sieht.

Neben dem Thunfisch gab es jede Menge anderen Fisch in Japan: In Hokkaido fingen die Fischer den häufig vorkommenden Lachs sogar mit der Hand. Hering war so verbreitet, dass nur die besten Teile zum Verzehr gelangten, der Rest endete als Dünger oder diente als Katzenfutter wie in der Hauptstadt Edo.

Auch der Verzehr vieler Vogelarten war sehr populär, besonders von Fasanen, Drosseln, Wachteln und Wildenten. Dieser Brauch ging allerdings mit der abnehmenden Zahl der Wildvögel zurück.

Die Stadtbewohner amüsierten sich also großartig. Die Bauern aber lebten sehr arm, obwohl sie in der Rangordnung an zweiter Stelle standen. Naturkatastrophen hatten drei schwere Hungersnöte verursacht. Die Regierung veröffentlichte spezielle Anleitungen zur Ernährung und es entstanden Kochbücher, die Rezepte zur Nahrungszubereitung in Zeiten von Hungersnöten präsentierten, etwa das Auskochen von Reisstroh, das auch als Material zum Bau von Häusern diente. In manchen Schlössern trocknete man in weiser Voraussicht Süßkartoffel-Blätter, verwendete sie als Füllung von Matratzen – und kochte diese im Notfall, um sie mit etwas Reis zu verzehren.

Von der Meiji-Zeit bis zur Gegenwart

Mit der erzwungenen Öffnung Japans durch die Amerikaner im Jahre 1868 begann die so genannte Meiji-Zeit.

Eine Flut ausländischer Einflüsse strömte ins Land. Auch die japanische Esskultur war davon betroffen: Man verzehrte wieder Milch, Butter und Käse in größerem Umfang. Der Genuss von Rindfleisch setzte sich beim Volk zwar nur sehr langsam durch, das Fleisch galt als »stinkend«. Im Laufe der Zeit wurde es aber als »Sukiyaki« in Japan sehr populär. Auch Schweinefleisch wurde wieder gegessen, besonders als Kotelett war es beliebt. Eier waren als Omelette verbreitet und bei der Zubereitung von Reis verwendete man neuerdings auch Curry, der dann den Curry-Reis zu einer japanischen Spezialität machte.

Die Japaner lernten in Deutschland die Braukunst kennen. Heute gibt es fünf große Brauereien, die eine Vielfalt der unterschiedlichsten Biersorten anbieten. Und im Land des Tees erstaunt es ausländische Besucher immer wieder, wie viel Bier die modernen Japaner trinken. Brot setzte sich nur sehr langsam durch, es war teuer und der Geschmack sagte den an Reis gewöhnten Japanern nicht zu.

Viele junge Leute gingen damals nach Europa, um die europäische Küche kennen zu lernen. Nach ihrer Rückkehr verbreiteten sie die neu erworbenen Kenntnisse in ihrer Heimat.

Auch wenn Japan sich nach dem 2. Weltkrieg auch in kulinarischer Hinsicht immer mehr an den Rest der Welt anpasste – wie ein Gang durch eine japanische Stadt mit ihren unzähligen Fast-Food-Restaurants oder den Metzgereien und Bäckereien, die von deutschen nicht zu unterscheiden sind, beweist – so kann man selbst im Japan des 21. Jahrhunderts noch die ganze Palette der Kochkunst von der Nara- und Heian-Zeit bis zur Edo-Epoche auffinden. Nicht als tote Rezepte in verstaubten Büchern, sondern lebendig im kleinen Restaurant um die Ecke, in Tempelküchen und nicht zuletzt am häuslichen Herd.

»Jinsei-wa kawa-no nagare-no gotoku todomaru koto shirazu« lautet eine japanische Redensart: Das Wasser im Fluss bleibt nie stehen, fließt stetig, ist in ständigem Wandel. So auch die Kochkunst!

Die japanische Esskultur

食文化

Die Vielfalt der Tier- und Pflanzenwelt, das Leben mit den vier Jahreszeiten und ihren Früchten sowie die vielen Feste mit all ihren speziellen Gerichten bringen eine ungewöhnliche Fülle japanischer Speisen mit sich. Doch es gibt natürlich Zutaten, die besonders gerne verwendet werden und die zu typisch japanischen Spezialitäten wurden wie Sushi, eingemachtes Gemüse oder Reis- und Pflaumenwein.

Die Fülle der Naturalien

In Deutschland hört man immer wieder, Japan sei eine kleine Insel. Aber das Land, das etwa so groß ist wie Deutschland, erstreckt sich über eine Länge, die der Ausdehnung von Spanien bis Finnland vergleichbar ist.

Deshalb sind Landschaft und Klima in den verschiedenen Teilen Japans sehr unterschiedlich:

Im Norden herrscht im Winter sibirische Kälte, im Süden dagegen ist das Klima immer subtropisch, heiß und feucht.

Japan grenzt nicht an andere Staaten, es ist rundum von indigoblauem Meer umspült. Von der Küste aus sieht man große und kleine Inseln, bis hin zum winzigen Felsen auf dem Meer, bewachsen mit saftig grünen Bäumen. Eine warme Strömung aus dem Südchinesischen Meer und eine kalte aus dem Ochotskischen Meer treffen sich etwa in der Mitte der größten japanischen Insel, Honshu. Auf dieser liegt die Hauptstadt Tokyo, das heutige Zentrum der japanischen Kultur.

Es gibt viele Vulkane, der höchste mit knapp 4000 m ist der Fujisan (der Japaner spricht ihn nicht »Fudschiyama«, sondern »Fudschisan« aus). Im Zentrum von Honshu erstrecken sich die so genannten japanischen Alpen mit Höhen über 2000 m.

Die so unterschiedlichen Landschaften mit ihrem spezifischen Klima bringen verschiedenartige Nahrungsmittel hervor:

Im Japanischen Meer im Nordwesten werden wie im Nordatlantik Tintenfisch und Hering gefangen. Die Ozeane bieten eine unglaubliche Vielfalt an Meeresfrüchten.

Im Süden wird zweimal im Jahr Reis geerntet, neue Sorten können sogar im kalten Norden angebaut werden.

In den abgelegenen Bergen und dichten Wäldern der vier Hauptinseln lebt noch Wild – Bären, Wildschweine, Fasane und andere Tiere. In den oft schwer zugänglichen Bergwäldern gedeihen auch Beeren, Farne, Kräuter und zahllose wild wachsende Pflanzen, im Japanischen »Sansai« genannt, die von der Bevölkerung liebevoll für die tägliche Mahlzeit gesammelt und verarbeitet werden. Diese geschmackvoll zuzubereiten, ist die Kunst der japanischen Küche

Essen mit den vier Jahreszeiten

In Japan sagt man beim Anblick von etwas Schönem: »Das würde ich am liebsten essen.« So ist auch die Reaktion der Japaner auf die Schönheit der Natur und die vier Jahreszeiten.

Jede Jahreszeit hat ihre Naturalien, die früher nur zu dieser Zeit zu bekommen waren, wie in Deutschland etwa Spargel im Frühjahr, Salat und Beeren im Sommer oder Äpfel und Pilze im Herbst. Mit Hilfe moderner Transportmethoden kann man heute in der ganzen Welt zu jeder Jahreszeit alles kaufen. Japaner haben jedoch noch einen ausgeprägten Sinn für die jeweilige Jahreszeit und ihre Produkte bewahrt, was Europäern schwer zu vermitteln ist. Natürlich kann Fisch oder Bambus das ganze Jahr über gegessen werden, Japaner aber legen sehr großen Wert auf die Frische der Waren und wollen daher bestimmte Dinge nur zu ganz bestimmten Zeiten essen: junge Farne im Frühling, frische Bambussprossen im Mai, im Sommer eisgekühlte Somen-Nudeln und im August »Kabayaki«, gegrillten Aal. Bonito, eine Fischart, kommt nur im Mai an die Küste, daher entsteht beim Anblick einer frischen grünen Landschaft die Assoziation von Bonito-Gerichten.

Im Sommer isst man in Japan sehr kalt, um die Hitze zu vergessen. Bekannt ist »Tokoroten«, Gelee aus Seegras. Durchsichtig und ohne Geschmack, wird es mit einem speziellen Dip auf der Basis von Sojasauce verzehrt. Er hat keine Kalorien, aber viele Ballaststoffe, daher lieben ihn die Japaner zur heißen Jahreszeit, wenn sie keinen Appetit haben. Aber es gibt im Sommer auch warme Gerichte, beispielsweise »Kabayaki«, gegrillten Aal mit Reis.

Im Herbst wird das Klima angenehmer: Es ist nicht mehr so feucht und heiß, ein kühler Wind belebt Mensch und Natur, die Luft ist klar, der Himmel strahlend blau. Nach einer japanischen Redensart werden im Herbst die Pferde fett. Auch die Menschen bekommen mehr Appetit, es ist die Zeit der Ernte, die Tafel ist reich gedeckt. Die Schönheit der herbstlichen Natur spiegelt sich, wie bei allen Jahreszeiten, auch in der Dekoration der Speisen. So werden mit Soba-Nudeln Kiefernnadeln imitiert und auf die Matsutake-Pilze gelegt. Aus gelben Rüben und Yuba, einem Produkt aus Sojabohnenmilch, werden farbige Blätter ausgestochen.

Der Winter ist die Zeit der warmen Speisen. Nicht nur das auch im Ausland bekannte »Sukiyaki«, Rindfleischpfanne, wird auf dem Tisch in einem großen, irdenen Topf für die ganze Familie zubereitet. Auch »Shabu-Shabu«, Rindfleischfondue, »Sakana-Suki«, Fischfondue, »Tori-Nabe«, Geflügelfondue, »Buta-Nabe«, Schweinefleischfondue, und viele weitere weniger bekannte Gerichte, die der Japaner mit der kalten Jahreszeit verbindet. Sie wärmen den Körper, was bei der Holzbauweise der japanischen Häuser sogar heutzutage noch von Bedeutung ist.

Viele Naturalien stehen für eine bestimmte Jahreszeit und auch heute ist die Symbolik der Jahreszeiten noch sehr stark ausgeprägt. Wenn ein Japaner zum Beispiel Chrysanthemen sieht, assoziiert er damit sofort den Herbst, Vollmond, Dango-Knödel, Reisknödel, Matsutake-Pilze und gekochte Yamswurzeln.

Das kulinarische Festjahr

Anders als in Europa, wo es überwiegend christliche Feiertage gibt, gehen diese in Japan auf den Jahreszyklus der Bauern zurück, was modernen Großstädtern meist nicht mehr bewusst ist. Der tiefere Sinn ist weitgehend in Vergessenheit geraten. Geblieben sind nur noch die äußeren Formen, Blumen, Dekorationen, und viele Speisen. Die Mehrzahl der oft ungewöhnlichen Zutaten können im modernen Japan ohne Probleme sogar in Supermärkten gekauft werden. Das bestätigt die verbreitete Meinung unter Ausländern, dass Japaner einerseits äußerst konservativ sind, indem sie zum Beispiel Speisen mit über 1000-jähriger Vergangenheit wie etwa »Hishio«, gegorenen Fisch, zubereiten, andererseits jedoch jede Neuerung aufnehmen und die Zutaten per Computer bestellen und sich vom Supermarkt nach Hause liefern lassen.

Zu den einzelnen Festtagen:

An Neujahr, heutzutage dem 1. Januar, stecken die Japaner Kiefernzweige an die Tür, die »Yama-no-Kami«, dem Gott des Berges, den Weg weisen sollen.

Um an den Feiertagen nicht arbeiten zu müssen, werden schon viele Tage zuvor spezielle Speisen zubereitet, »Osechi-Ryori« genannt, die kalt serviert werden. In stapelbaren Lackkästen aufbewahrt, sind diese mindestens drei bis vier Tage haltbar. Hauptbestandteile sind Gemüse, Fisch und Seetang.

Fast genauso bedeutsam ist »Mochi«, Reiskuchen, hergestellt aus gedämpftem und gestampftem Klebereis. Dieser wird in flache, runde Stücke geformt oder in dünne, viereckige Portionen geschnitten. Als Opfergabe für den Hausaltar, »Okagami-Mochi«, formt man den Reis zu runden Fladen verschiedener Größe und stapelt diese auf einem Tablett übereinander. An der Spitze dieser Pyramide steckt ein Farnkraut und eine Yuzu, eine japanische Zitrone. Oft wird auch eine Languste mit einem Stück Konbu (Seetang) verwendet, die ein langes Leben und viel Glück symbolisiert. Die Dekoration weicht in den verschiedenen Orten und Familien erheblich voneinander ab.

Beim Neujahrsessen darf »O-zoni« natürlich nicht fehlen. Dies ist eine Suppe mit gegrilltem Mochi und Wintergemüse, bestreut mit Ao-Nori-Pulver, essbaren grünen Algen.

Der 7. Januar ist kein offizieller Feiertag, aber dennoch reich an Traditionen. An diesem Tag gibt es auch ein spezielles Gericht, »Nana-Kusa-Gayu«, sehr weich gekochten Reis mit sieben Kräutern. Ein ähnliches Gericht kennt man auch in Deutschland, die Kräutelsuppe am Gründonnerstag.

»Hinamatsuri«, das Puppenfest oder auch Mädchentag genannt, folgt am 3. März. Zu Hause baut die Mutter für ihre Töchter Puppen der Kaiserfamilie in schönen Trachten der Heian-Zeit auf. Auf einem roten, stufenförmigen Gestell ganz oben sitzen der Kaiser und seine Frau, darunter drei Hofdamen. Es folgen fünf Musikanten, zwei Samurai mit den Speisen für den Kaiser und Modelle eines Orangen- und eines Kirschbaums. Daneben stecken in großen Vasen echte blühende Pfirsichzweige, das Symbol der Jahreszeit.

Die Speisen an diesem Tag sind dreifarbige, rautenförmige Mochi, bunt dekoriertes Sushi oder »Kai-Sushi«, Muschel-Sushi, und andere frische Muschelgerichte, da im März Muschelsaison ist. Dazu kommen als Beigabe Rapsblütenknospen, junge Beifußblätter und Ackerschachtelhalme.

Am 8. April wird in Japan der Geburtstag Buddhas gefeiert, »Hanamatsuri«, das Blumenfest genannt. Zu dieser Zeit stehen die Kirschblüten im ganzen Land in voller Pracht.

Der 5. Mai heißt »Kodomo-no-Hi«, Kindertag. Zu Hause dekoriert man im »Tokunoma«, einer besondere Nische, Helm und Harnisch von Samurai-Puppen und Pfeil und Bogen sowie das Schwert, die Symbole der Krieger in vergangenen Zeiten. Die Buben sollen tapfer, stark und intelligent werden wie einst die Samurai. Über den Dächern treiben im Wind bunte »Koinobori«, Karpfen aus Stoff. An diesen erkennt man sofort die Zahl der Familienmitglieder: der größte Fisch, schwarz, steht für den Vater, der zweitgrößte, rote Fisch für die Mutter und die kleinen blauen für die Söhne und roten für die Töchter. Ein prächtiger Anblick: Der leuchtend blaue Himmel mit weißen Wolken, die frisch erwachte, üppig grüne Natur und die Parade farbenfroher Windfische – Japan im Frühling! Auch für diesen Tag kennen die Japaner Spezialgerichte, »Kashiwa-Mochi« und »Chimaki-Mochi«. Bei Ersterem wird Klebereis, gewürzt mit Anko, süßer Azuki-Bohnen-Paste, in Eichenblätter eingewickelt. Beim Chimaki-Mochi hat der Klebereis die Form von kleinen Kolben und wird in Schilfblätter eingewickelt. Getrunken wird Tee aus Kalmuswurzeln und am Abend nimmt man ein heißes Bad, in das wegen ihrer Heilwirkung Kalmusblätter hineingegeben werden.

Am 7. Juli ist »Tanabata«, der Tag des Sternenfests. Vor jeder Haustür steht ein langer Bambus, geschmückt mit bunten Papierstreifen. Die Kinder dürfen mit einem Tuschepinsel auf buntes Origamipapier ihre Wünsche aufschreiben und dieses dann am Baum aufhängen, damit sie in Erfüllung gehen. In Shinto-Tempeln werden ganzjährig Papierstreifen an einige Bäume gebunden. Gefeiert wird das Treffen der beiden Sterne Orihime und Kengyu an der Milchstraße, wie es alte Erzählungen überliefern. Den Ursprung hat dieser Feiertag jedoch, wie zu vermuten ist, im Bauernleben. Dieser Tag war für die Landbevölkerung ein Ruhetag, an dem Tee einer ganz besonderen Sorte getrunken wurde: eine kleine Menge dieses Tees wirkte als Abführmittel, etwas mehr, und es erfolgte ein Abgang. Die Bauern verwendeten den Tee schlichtweg als Abtreibungsmittel. Sie wollten damit verhindern,

dass die Frau drei Monate später, im Oktober zur Erntezeit, ihr Kind möglicherweise verlieren und zu schwach für die Arbeit sein könnte – menschliche Arbeitskräfte waren damals sehr kostbar.
Am 9. September feiern die Japaner den Festtag der Chrysanthemen. Die Reisernte hat ihren Höhepunkt erreicht, die müden Körper bedürfen der Erholung. Um neue Kräfte zu sammeln, trinken die Bauern »Sake«, Reiswein, mit eingelegten, gelben Chrysanthemenblüten und Tee mit getrockneten. Diese enthalten viel Eisen, das die Blutbildung fördert und dem eine stärkende Wirkung nachsagt wird.

Wichtige Zutaten in der japanischen Küche

Ohne Zweifel ist der Reis der wichtigste Bestandteil der japanischen Küche. Rund um den Reis gibt es als Beigaben vielerlei Zutaten. Dies sind Fisch, Seetang, Vögel, Gemüse, Obst, Fleisch und Tofu. In neuerer Zeit sind Weizenmehl und andere Getreidearten dazugekommen. Das Fleisch von Rind, Schwein und Schaf wurde immer populärer, wodurch Herzkrankheiten deutlich zunahmen. Wichtig sind auch die Gewürze und frische Kräuter, ohne die die japanische Küche nicht vollkommen wäre.
Die meisten Zutaten gibt es in der Natur in Hülle und Fülle. Heute ist es nicht mehr ohne weiteres möglich, sie im freien Gelände zu sammeln, außer in weit abgelegenen Bergwäldern. Doch man findet sie in den Geschäften das ganze Jahr über.

Reis

Die Japaner legen großen Wert darauf, dass der Reis nicht zu stark riecht und nicht zu trocken ist. Für die japanische Küche sollte man japanische Reissorten wählen. Besonders für Sushi ist das sehr wichtig, weil sein typischer Geschmack vom japanischen Reis und japanischen Reisessig stammt. Der auf deutschen Märkten oder in Asia-Läden angebotene Sushi-Reis kommt häufig aus Kalifornien. Der Sushi-Reis darf beim Kauf auf keinen Fall mit Klebereis verwechselt werden, einer ganz anderen Reissorte, die nach dem Kochen oder Dämpfen sehr klebrig wird. In Asien verwendet man ihn daher für Reiskuchen und ähnliche Süßspeisen.
In der Vergangenheit aßen die Japaner oft »Mugi-Meshi«, mit flach gestampfter Gerste gemischten Reis, der etwas dunkler ist als Reis allein. Mugi-Meshi war das Essen der Armen, denen der normale Reis zu teuer war. Der weiße Reis, »Shiro-Meshi«, wurde nur zu besonderen Anlässen oder für Sushi gekocht. Heutzutage ist Mugi-Meshi aus dem Speiseplan der Familien fast verschwunden. Das ist vom ernährungswissenschaftlichen Standpunkt bedauerlich, denn er ist für die Gesundheit sehr wertvoll.

Fisch

Hier können nicht alle Fischarten aufgezählt werden, doch einige Sorten, die häufig in der japanischen Küche verwendet werden, sollen kurz beschreiben werden:

»Katsuo«, Bonito, wird als »Sashimi« roh gegessen und dient als ein wichtiger Bestandteil von »Dashi«, Suppenfond. Zur Aufbewahrung wird er filetiert, gedämpft und getrocknet, früher in der Sonne, jetzt maschinell. Er ist dann steinhart und kann ohne Pilzbefall gelagert werden. Das Trocknen verstärkt den Geschmack des Bonito. Die Innereien werden zur Herstellung von »Bonito-Siokara« in Salz eingelegt und längere Zeit gegoren. Bonito-Siokara ist ein so genannter »tierischer Hishio«, wie er bereits zur Nara-Zeit bekannt war. Statt Bonito können auch die Eingeweide von Sardellen, Tintenfisch und Seegurken verwendet werden.

Kleiner Steinbutt, Sardellen und Aji, Stachelmakrelen, werden zum Trocknen in der Sonne an Bambusstöcken aufgehängt oder auf Bambusmatten ausgelegt. Aji ist ein sehr populärer Fisch. Er wird auch gegrillt, gekocht, frittiert oder roh verzehrt.

»Maguro«, Thunfisch, ist der König der Sushi-Welt. Wenn man in Deutschland »Sushi« sagt, denken die Leute sofort an rohen Thunfisch. Er schmeckt auch in rohem Zustand, als Sashimi oder Sushi, am besten. Es gibt so viele Sorten, dass es schwierig ist, echten, guten Thunfisch zu bekommen. Das fangfrische Fleisch hat eine hellrosa Farbe und ist zu zäh zum sofortigen Verzehr. Wie Rindfleisch lässt man auch dieses Fleisch einige Tage liegen, dann erst wird es zart und aromatisch und bekommt die typische dunkelrote Farbe. Die teuersten und besten Teile, »Toro« genannt, sind am Bauch. Merkwürdigerweise werden gerade diese in Deutschland meistens weggeworfen, da der Irrglaube verbreitet ist, alles Fette sei ungesund.

Auch Muschelsorten gibt es sehr viele, die wichtigsten sind Austern, Trogmuscheln, Jakobsmuscheln und Venusmuscheln. Man isst sie roh, gegrillt oder gekocht.

Tintenfisch kommt in den verschiedensten Arten von klein bis groß auf den Markt. Einige Sorten sind in rohem Zustand für Sushi und Sashimi bestens geeignet.

»Tai«, Meerbrasse, ein silbrig-rosa glitzernder Fisch, wird zu besonderen Anlässen gekocht. Er gilt als Glücksbringer.

Früher gab es Fischläden, in denen es keine Fische zu sehen gab. Man ging mit einem Verkäufer zum Hafen, wo seine Waren in einem großen Käfig schwammen. Dort musste man dem Verkäufer sagen, welchen Fisch man kaufen wolle. Leider findet man heute in den Geschäften nur noch importierte, kopflose und in Folien eingeschweißte Fische. Das ist sehr schade, da die Fangfrische das Wichtigste ist beim Fischverzehr.

Fleisch

Fleisch von Huhn, Rind, Schwein und Schaf kommt in Japan meist in kleinen Stücken oder in sehr dünn geschnittenen Scheiben zum Verkauf. Die japanische Küche ist im Allgemeinen sehr fettarm, nicht aber beim Fleisch, da das Fleisch ohne Fettanteil zu trocken ist. Das beste Rindfleisch kommt aus der Stadt Kobe. Die Tiere werden dort mit Getreide und Bier gemästet und von Hand massiert. Dadurch verteilt sich das Fett gleichmäßig und bildet ein feines, netzartiges Muster im Fleisch. Dieses sehr teuere »Sukiyaki«-Fleisch ist so zart, dass es auf der Zunge zergeht.

Gemüse

Außer den in Deutschland bekannten Gemüsesorten kennt der japanische Markt »Shungiku«, Gemüse-Chrysanthemen, junge Senfblätter, Rapsknospen und gelbe Chrysanthemenblüten. Letztere werden kurz in heißem Wasser blanchiert und dann weiterverarbeitet. Darüber hinaus werden im Frühling Wildgemüsearten gesammelt, »Warabi« und »Zenmai«, junge Farne, die eine Spezialbehandlung brauchen, um sie genießbar zu machen. Sie gelten als Delikatesse.

Seetang

Vier Arten werden in Japan hauptsächlich verwendet: »Nori«, Purpuralgen, sieht aus wie Transparentpapier. Er ist als Sushi-Mantel bekannt, wird aber auch durch Rösten zu »Yakinori« verarbeitet. Es ist wichtig, Nori immer trocken aufzubewahren. Die Reste sollten luftdicht in Plastiktüten verpackt in Kühlschrank oder Gefriertruhe gelagert werden.

»Konbu«, als Kelp oder breiter Seetang bekannt und bis zu sechs Meter lang, wird hauptsächlich im Norden geerntet. Er ist ein wichtiger Bestandteil von Dashi, japanischem Suppenfond, wird aber auch für unzählige andere Speisen verwendet.

»Wakame«, Braunalgen, wachsen in warmen Meeren in Tiefen von bis zu zehn Metern am Boden. Nach der Ernte werden sie kurz gekocht und in der Sonne getrocknet. Sie gelangen in gebrauchsfertigem Zustand in die Geschäfte und müssen vor der Verarbeitung nur kurz im Wasser eingeweicht werden. Wakame wird als Suppeneinlage oder in verschiedenen Salaten gegessen.

»Hijiki«, ein schwarzer Seetang, wächst auf den Felsen an der Küste. Getrocknet kommen lange und kurze Sorten in den Handel. Vor dem Verzehr wird Hijiki gut gewaschen und in Wasser eingeweicht. Dabei verdreifacht sich sein Volumen.

Nudeln

Auch in Japan gibt es verschiedene Nudelsorten: »Soba« werden aus Buchweizenmehl hergestellt und haben daher eine dunkle Farbe. »Somen«, besonders dünne Nudeln, und »Udon«, sehr breite Nudeln, enthalten nur Weizenmehl, keine Eier, und sind daher weiß.

Tofu, Yuba, Natto

»Tofu«, »Yuba« und »Natto« sind Produkte aus Sojabohnen von sehr großem Unterschied in Geschmack und Form. Tofu ist eine feste Masse aus Sojabohnenmilch und »Nigari«, Bitterlauge. Yuba entsteht beim leisen Köcheln von Sojabohnenmilch als dünnes Häutchen auf der Oberfläche der Milch. Natto sind gekochte, vergorene Sojabohnen, eingewickelt in Reisstroh. Es ist ein sehr nährstoffreiches Produkt von ungewöhnlichem Geschmack, selbst für Japaner.

Sojasauce

Es gibt zwei Sorten, dunkle und helle.
Die dunkle Sauce schmeckt kräftig und aromatisch, sie gibt den Speisen einen feinen Geschmack. Mit Gewürzen wie Zitronensaft, »Dashi«, zerstoßenen Sesamsamen, geriebener Ingwerwurzel, Senf, »Wasabi«, japanischer Meerrettich, oder Rettich vermischt, entstehen neue, schmackhafte Saucen.

Die helle Sojasauce ist salziger als die dunkle, dadurch benötigt man davon weniger und die Zutaten bewahren ihre eigene Farbe. Die Bezeichnung »hell« führt viele Deutsche zu der irrigen Annahme, die Sauce wäre leichter als die dunkle und folglich gesünder, was aber wegen des hohen Salzgehalts nicht zutrifft. Dass zur japanischen Küche nur japanische Sojasauce passt und nicht die chinesische, versteht sich eigentlich von selbst. Die Sauce, sofern sie in Japan hergestellt wurde, ist ein natürliches Produkt. Nach dem japanischen Reinheitsgebot ist es nämlich verboten, bei der Herstellung von Sojasauce Konservierungsstoffe zu verwenden.

Miso

»Miso« ist eine Sojabohnenpaste, hergestellt aus Sojabohnen, Reishefe und Salz. Sie wird wahlweise mit Sojabohnen, Reis, Weizen oder Gerste vermischt und mindestens sechs Monate im Bottich vergoren. Sie ersetzt Salz und dient zum Abschmecken von Suppen und Saucen. Auch Miso gehört zu den japanischen Zutaten mit ungewöhnlichem Geschmack.

Dashi

»Dashi« ist eine Brühe, die aus gehobelten Bonitospänen und Konbu, manchmal auch aus getrockneten Sardellen, hergestellt wird. Diese Zutaten werden zweimal verwendet: »Ichiban-Dashi«, die erste Brühe, wird zu einer guten Suppe verarbeitet. Die Brühe aus dem zweiten Aufkochen wird beispielsweise in Salatsaucen gegeben.

Typisch japanische Gewürze

»Wasabi« ist japanischer grüner Meerrettich. Sein Aroma unterscheidet sich erheblich vom europäischen weißen Meerrettich. Er ist eine sehr empfindliche Pflanze, die in kühlen Bergtälern in kaltem fließenden Quellwasser wächst. Die Länge beträgt 20 bis 30 cm, der Durchmesser bis zu 3 cm. Der grüne Meerrettich wird als Paste angeboten oder als äußerst scharfes Pulver, das vor dem Gebrauch mit Wasser verrührt wird. Ohne Wasabi ist Sushi undenkbar.

»Ingwer« ist eine aromatische, scharfe Wurzelknolle. Frisch gerieben, gehackt oder in Scheiben geschnitten, wird er für Saucen oder eingelegt als Sushi-Ingwer verwendet. Mit Sojasauce vermischt, entsteht eine herrliche Ingwer-Sojasauce, die zu vielen Speisen passt.

»Myoga« sind die frischen Blütenknospen einer Ingwerart. Sie sind jedoch nicht scharf und wegen ihres milden Geschmacks sehr beliebt.

»Yuzu« ist eine japanische, orangefarbige Zitronenart, der Limette ähnlich. Sowohl die duftenden Blüten als auch die noch winzigen, grünen Früchte dienen als Dekoration und stimmt die Japaner auf die verschiedenen Jahreszeiten ein.

»Sansho« ist japanischer Pfeffer. Besonders die jungen, aromatischen grünen Blätter sind als Garnierung für Suppen, Sushi und andere Speisen begehrt. Die reifen Samen werden getrocknet, dann gemahlen oder als Körner verwendet.

»Mitsuba«, eine langstielige, dreiblättrige japanische Petersilienart, findet in der japanischen Küche vielseitige Verwendung: Farbe und Aroma sind wichtig für Suppen, andere gekochte Gerichte und Salate. Und die blanchierten Stängel können als essbare Fäden zum Zusammenbinden von Speisen benutzt werden.

»Shiso«, auch »Parella« genannt, ist von Aroma und Aussehen mit der Zitronenmelisse vergleichbar. Es gibt zwei Sorten Shiso, eine rot- und eine grünblättrige. In der japanischen Küche sind besonders die grünblättrigen für Sashimi, Tempura und viele andere Speisen unentbehrlich. Die Blüten verwendet man als Dekoration.

Selbstverständlich kennt die japanische Küche noch eine Vielzahl weiterer Gewürze und Zutaten. Sie sind jedoch in Europa unbekannt und eine Aufzählung – die meisten haben nicht einmal deutsche Namen – würde den Rahmen dieses Überblicks sprengen.

Japanische Spezialitäten

Sushi

Sushi war noch vor wenigen Jahren, ebenso wie Sashimi, rohe Meeresfrüchte, in Deutschland praktisch unbekannt. Einige kannten Sushi von ihren Aufenthalten in den USA, dort war es schon früher recht populär. Anfangs verzogen die Leute bei der Erwähnung von rohem Fisch das Gesicht. Mittlerweile finden jedoch die meisten, dass es eine saubere, appetitliche Sache ist und gut schmeckt. Leider hat Sushi einen gewissen Hauch von Extravaganz, auch wegen des oft unverschämt hohen Preises. Viele wollen es daher selbst zubereiten, was im Prinzip sehr einfach ist. Das Wichtigste sind der richtige Reis und Reisessig. Wenn man diese hat, ist das Sushi bereits zu 95% gelungen.

Bei Sushi denkt man in Deutschland in der Regel an die bekannte Form, an Reisbällchen mit rohem Fisch (»Nigiri-Sushi«), es gibt aber noch eine Reihe weiterer Zubereitungsmethoden, von denen viele im Rezeptteil beschrieben werden. So sind auch gerollter »Maki-Sushi« sowie »Chirashi-Sushi«, bei dem Reis in einer Schale serviert wird, die Zutaten locker darauf verteilt, in Japan sehr populär. Übrigens werden nicht nur die verschiedensten Fischsorten, sondern auch Meeresfrüchte unterschiedlichster Zubereitung und jeder Art verwendet, Muscheln, Tintenfisch, Garnelen, Fischrogen. Es gibt zahllose regionale Sushi-Spezialitäten. Zu den Kuriositäten zählen heißes, gedämpftes Sushi, schwach vergorenes Reiswein-Sushi und »Sansai-Sushi«, bei dem jahreszeitliches Wildgemüse in den Reis gemischt wird.

Sushi war ursprünglich nur eine Aufbewahrungsmethode von rohem Fisch, da bestimmte Stoffe im Reis konservierend wirken. Erst später kam der Reisessig hinzu. In der heutigen Form ist Sushi seit der Edo-Zeit bekannt. Anfangs war es eine Art Schnellimbiss der Arbeiter im Osten Japans, die es im Stehen mit den Fingern verzehrten, heute immer noch die klassische Art, Sushi zu essen. Im Westen war das Leben der Bevölkerung etwas gemächlicher, sie nahm sich Zeit, ihre Mahlzeiten zu genießen. Dennoch wurde auch hier das »östliche Schnell-Sushi« mit der Zeit ein Teil der Esskultur, auch der Oberschicht.

In modernen Restaurants wird Sushi entweder mit Essstäbchen am Tisch serviert oder man nimmt es an einer Bar mit den Fingern zu sich. Ein heißes Tuch zum Reinigen der Finger und Tee sind im Preis eingeschlossen.

Die neueste Entwicklung ist das »Fließband-Sushi«: Man nimmt sich, an der Bar sitzend, vom langsam vorbeilaufenden Band die Teller mit je zwei oder drei Sushi, die einem zusagen. An Größe und Farbe der Teller kann später an der Kasse der Preis ermittelt werden. Fleißige Sushi-Köche im

Zentrum des Fließbands sorgen für ständigen Nachschub.
Unverzichtbare Zutat jedes Sushi-Essens sind Sojasauce und Wasabi, die aber nur sehr sparsam verwendet werden sollten, um den Geschmack des Sushi nicht zu überdecken.

Tsukemono

Unter »Tsukemono« versteht man eine große Zahl eingemachter Gemüsesorten, wie sie in Europa unbekannt sind. Viele Hausfrauen bereiten ihr Tsukemono in einem kleinen Spezialgefäß selbst zu. Es wird mir Reiskleie, »Nukamiso«, Reiskleiemus, Salz und Wasser hergestellt. Zunächst werden die verschiedenen Gemüse, insbesondere Gurken, Rettich und Auberginen, im Nukamiso kurz oder eine Nacht lang in dem Spezialtopf eingelegt, damit das Gemüse frisch und knackig bleibt. Dann kommen die anderen Zutaten hinzu und das Ganze wird mindestens ein halbes Jahr vergoren. Zur Förderung der Gärung wird täglich alles umgerührt.
Besonders bekannt ist »Takuan«, eingelegter Rettich. Im Herbst nach der Ernte wird er zunächst einige Wochen lang in Wind und Sonne getrocknet, anschließend in einem Holzbottich abwechselnd mit Salz und Reiskleiemus geschichtet und ganz oben mit einer Lage getrockneter Rettichblätter abgedeckt. Das Ganze wird mindestens ein halbes Jahr an einem dunklen, kühlen Ort mit einem schweren Gewicht auf dem Deckel des Bottichs gelagert.
Weitere verbreitete Einmachmethoden sind die Verwendung von Misopaste oder gehacktem Wasabi in Reisweinhefe. Die Japaner kennen noch zahlreiche andere Verfahren – verständlich, wenn man bedenkt, dass die Nahrung im feucht-heißen Klima vor der Erfindung des Kühlschranks rasch verdorben wäre.
Da Tsukemono sehr salzig sind, wird nur wenig davon gegessen, fehlen dürfen sie aber bei keiner Mahlzeit. Für Europäer ist ihr Geschmack gewöhnungsbedürftig.

Umeboshi

»Ume« ist die Frucht der japanischen Pflaume. Zur Herstellung von Umeboshi werden die reifen Pflaumen im Juni in Salz eingelegt und mit roten Shisoblättern bedeckt. Nach etwa einem Jahr schmecken sie salzig und sauer. Ihren typischen Geschmack entwickeln sie erst, wenn sie, bevor sie eingelegt werden, drei Tage in der Sonne trocknen und drei Nächte vom Tau befeuchtet werden. Umeboshi sind ein appetitanregendes Mittel. Viele Japaner nehmen sie auf Auslandsreisen mit, da das für sie fremdartige Essen oft Magenverstimmung und Appetitlosigkeit hervorruft. Aber auch zu Hause werden sie auf vielfältige Weise verwendet. Früher hat ein Arbeiter viel gekochten Reis mit einer einzigen Umeboshi als vollständige Mahlzeit gegessen.

Reis- und Pflaumenwein

»Sake«, japanischer Reiswein, wird warm und kalt getrunken. Die Gewohnheit, ihn warm zu trinken, hat folgenden Ursprung: Früher braute man Sake zusammen mit den jungen Trieben der japanischen Zeder. Diese enthalten Fuselöle, welche konservierend wirken, aber vor dem Genuss durch Erwärmen verflüchtigt werden müssen. Obwohl beim modernen Produktionsprozess keine Fuselöle mehr entstehen, hat sich warmer Sake als traditionelles Getränk erhalten.

»Mirin«, fermentierter, süßer Reiswein, dient hauptsächlich zum Kochen. Eingekocht ist er in der gehobenen Küche als Zuckerersatz üblich.

Pflaumenwein wird aus grünen, unreifen Pflaumen, Kristallzucker und Reisbranntwein hergestellt. In Japan trinkt man ihn kalt, in Deutschland merkwürdigerweise warm.

Tee

In Japan gibt es zwei Arten, Tee zu trinken. Zum einen im Rahmen der berühmten Teezeremonie (Chanoyu), zum anderen im Alltag, zum Essen, in Pausen mit Süßigkeiten oder einfach zum Löschen des Durstes.

Die Teezeremonie ist eine besondere Form des Servierens und Trinkens des Tees. Viele Vorschriften zur Durchführung der Zeremonie müssen erlernt werden, und die Formen werden immer komplizierter, die Äußerlichkeiten immer wichtiger. Die Teezeremonie wird im Kapitel »Bei Tisch. Kaiseki-Ryori, Die Teezeremonie« eingehend beschrieben.

Im Alltag trinken die Japaner den grünen Tee ohne Zucker und Milch, nicht nur heiß, sondern im Sommer auch eiskalt. Zu den Mahlzeiten genießt man ihn das ganze Jahr hindurch heiß. Der heiße Tee wird in japanischen Teetassen ohne Henkel serviert, der kalte Tee in Gläsern oder Bechern.

Es gibt unzählige japanische Teesorten, alle grün und nicht fermentiert. Einige wenige davon sollen hier kurz vorgestellt werden:

»Gyokuro« ist die beste Qualität, hergestellt aus den ersten jungen Trieben, die geschützt vor direktem Sonnenschein wachsen. Nach der Ernte werden die Triebe gedämpft und gedreht, bis sie so dünn sind wie Nähnadeln, danach in einer Pfanne auf japanischem Papier vorsichtig getrocknet. Beim Aufbrühen werden die Blätter mit 40°C heißem Wasser übergossen, der Tee drei Minuten ziehen gelassen und bis zum letzten Tropfen in ein anderes Gefäß gegossen. Serviert wird er in einer kleinen Kanne aus Gusseisen, Porzellan oder irdenem Material und winzigen Teetassen. Dieser Tee hat einen süßlichen und vollen Geschmack.

»Matcha« wächst ebenso vor Sonne geschützt. Nach dem Trocknen aber wird er mit einem Mörser aus Stein gemahlen. Es entsteht ein sehr feines, puderartiges, aromatisches Teepulver, das für die Teezeremonie unentbehrlich ist. Man kann Matcha auch für Pudding, Milchtee, Kuchen oder als Gewürz für Salate verwenden oder auch für Grüner-Tee-Eis, das besonders gut schmeckt.

»Sencha« wird am häufigsten konsumiert. Nach dem Pflücken werden die jungen Blätter gedämpft, getrocknet und gerieben. Man brüht den Tee mit heißem Wasser auf und lässt ihn drei Minuten ziehen, die Blätter können nochmals verwendet werden. Bei 70°C heißem Wasser schmeckt der Tee fruchtig, bei Wasser mit einer Temperatur von 90°C herb und bei 100°C heißem Wasser bitter.

»Bancha« ist gewöhnlicher grüner Tee aus etwas älteren Blättern. Er schmeckt einfach, stillt den Durst und wird zu den Mahlzeiten getrunken. »Genmaicha«, eine Mischung aus Bancha und geröstetem Naturreis, wird mit heißem Wasser aufgebrüht.

»Hojicha« ist eine Teesorte aus älteren, leicht gerösteten Blättern mit starkem aromatischen Geruch.

»Mugicha«, ein teeähnliches Getränk, wird aus geröstetem Weizen hergestellt und wie normaler Tee ohne Zucker zubereitet. Besonders in heißen Sommern ziehen die Japaner Mugicha, eiskalt serviert, Getränken mit Zucker wie Coca Cola oder Limonade vor.

In der heutigen Zeit trinken immer mehr Japaner auch schwarzen Tee, wie er in Europa bekannt ist.

Der schwarze Tee wird aber nicht nur getrunken: am Blumenfest, Buddhas Geburtstag, wird er mit einem hölzernen Schöpflöffel über den Kopf einer Buddhafigur gegossen. Und die Tusche zum Schreiben wird mit dem schwarzen Tee angerührt. Es heißt, wer an diesem Tag seine Tusche mit diesem Tee vermengt, entwickelt eine schöne Handschrift ...

Fugu

Die Gewohnheit der Japaner, den extrem giftigen »Fugu« (»Hugu« ausgesprochen) zu verzehren, ist in Deutschland sehr bekannt. Es gibt mehrere Fugu-Arten, aber nur eine davon, die wohlschmeckendste, ist giftig. Wie viele andere Fische wird auch Fugu in Aquakultur gezüchtet, dann ist er – bedingt durch das Futter – etwas weniger giftig. Nur Leber und Eierstöcke enthalten das Gift, von dem bereits eine Nadelspitze voll absolut tödlich wirkt. Fast alle anderen Teile des Fischs sind essbar. Es ist nicht nur der erlesene Geschmack, der den Fugu so begehrt macht, auch der Nervenkitzel, man könnte vielleicht vergiftet werden, kommt hinzu. Aber die Wahrscheinlichkeit, an einem Fugu-Gericht zu sterben, ist sehr gering: Die Köche müssen zwei spezielle staatliche Prüfungen ablegen, bevor sie in Fugu-Restaurants zugelassen werden. Die relativ wenigen Todesfälle (vergleichbar den Pilzvergiftungen in Deutschland) sind durchweg von Amateuren verursacht.

Nicht nur der Geschmack des Fugu gilt als exquisit, sondern auch die Dekoration.

Bento

»Bento« ist gekochter Reis mit vielerlei Beigaben, die getrennt in flache Holz- oder Plastikschachteln verpackt werden. Bento ist sehr verbreitet und wird in die Schule, ins Büro und auf Reisen mitgenommen. Eine besondere Art war das »Ekiben«, das Bahnhofs-Bento: Laut schreiende Verkäufer boten den Reisenden vom Bahnsteig aus regionale Spezialitäten an, in den verschiedensten Verpackungen mit unterschiedlichstem Inhalt, darunter auch Sushi. Man konnte regelrecht kulinarische Reisen durch Japan unternehmen, ohne den Zug zu verlassen. Leider hat das Ekiben seit dem Aufkommen der Klimaanlagen und den dauerhaft verschlossenen Zugfenstern ein Ende gefunden. Die Verkäufer, die im Zug einige Arten Ekiben anbieten, und die Kioske an größeren Stationen sind nur ein schwacher Ersatz.

O-Ts'mami

»O-Ts'mami« ist eine große Zahl verschiedenster kleiner, meist salziger Spezialitäten, die in geringer Menge zu Sake und Bier genossen werden. Besonders ungewöhnlich für Europäer ist »Shiokara«, Innereien von Fisch oder Seegurken, eingelegt in Salz. Eine regionale Besonderheit ist »Kusaya«, roher Fisch, in Salz eingelegt und einige Zeit vergoren. Die gleiche Lake wird oft viele Jahre lang wieder verwendet. Nach dem Einlegen wird der Fisch getrocknet und gegrillt. Der Geschmack von Kusaya gilt als ausgezeichnet, der umwerfende Geruch (Kusaya bedeutet »Stinkfisch«) macht den Genuss selbst für manche Japaner zu einem zweifelhaften Erlebnis.

Selbstverständlich gibt es in Japan noch zahllose weitere, oft sehr ungewöhnliche Spezialitäten, die den Rahmen dieses Buches sprengen würden.

Bei Tisch

Das Anrichten der Speisen

In Europa wird in der Regel die Mahlzeit erst am Tisch in Portionen auf die großen Teller jedes Einzelnen verteilt. In Japan dagegen richtet man alle Speisen schon in der Küche einzeln auf zahlreichen Tellern von verschiedenen Formen, Größen, Farben und Materialien an. Während in Europa die einzelnen Gänge in der Regel hintereinander serviert werden, wird in Japan alles gleichzeitig aufgetragen, Suppe, Reis, Beigaben, Getränke, wodurch der Eindruck eines übervollen Tisches entsteht. Zum Schluss der Mahlzeit wird grüner Tee ohne Zucker serviert. Es gibt kein Dessert wie in

Deutschland, statt süßer Nachspeisen wird oft frisches Obst angeboten.

Die Essstäbchen

Wichtigste Utensilie bei Tisch sind die Essstäbchen, verschieden in Material und Form, die ihren Ursprung in China haben. Da die Speisen bereits in der Küche in mundgerechte Portionen zerteilt werden, benötigen die Japaner keine weiteren Essgeräte. Eine Besonderheit ist die Suppe, bei der zuerst mit Stäbchen die Einlage herausgefischt und anschließend die Flüssigkeit aus der Schale getrunken wird. Zu Hause hat jedes Familienmitglied seine eigenen Stäbchen, während in Restaurants meist hölzerne Stäbchen gebracht werden, die nach dem Gebrauch aus Hygienegründen weggeworfen werden. Selbstverständlich erhalten Ausländer auf Wunsch Messer, Gabel und Löffel.

Es versteht sich von selbst, dass das Beschriebene nur für japanische Speisen gilt. Ausländische Küche, von Spaghetti bis Hamburger, ist in Japan sehr verbreitet, und die Art, diese zu essen, mit Messer, Gabel und Löffel, unterscheidet sich nicht von der in Europa oder Amerika.

Die Tischmanieren

Nicht nur das Hantieren mit Essstäbchen ist für viele Ausländer schwierig, kompliziert sind auch die damit zusammenhängenden und sonstigen Manieren, die trotz ihrer Wichtigkeit nur selten in Büchern erwähnt werden. Auf keinen Fall dürfen die Stäbchen in einen Reishaufen hineingesteckt werden, das würde jeder Japaner mit einem Opfer an die Toten verbinden. Verpönt ist es auch, jede Art von Geräuschen oder unnötige Bewegungen mit den Stäbchen zu machen. Benützte Essstäbchen müssen parallel auf den Teller oder auf ein spezielles Bänkchen aus Porzellan gelegt werden, keinesfalls direkt auf den Tisch.

Natürlich bemühen sich alle Japaner wie die Deutschen um gute Tischmanieren. Sollte aber, besonders gegen Ende der Mahlzeit, einem Gast ein Rülpser entweichen, für den er sich sofort entschuldigt, so gilt das eher als Zeichen der Zufriedenheit mit dem genossenen Mahl und nicht wie in Deutschland als grober Verstoß gegen die Sitten.

Auch Schlürfen ist erlaubt: Das Essen von japanischen Nudeln mit Essstäbchen bereitet wegen deren Länge gewisse Probleme, sodass Japaner bei dem Verzehr der Nudeln geräuschvoll Schlürfen, womit sie in Europa sofort auffallen.

Wichtig ist der Beginn einer gemeinsamen Mahlzeit mit der Formel »Itadakimasu«, Guten Appetit, und das Ende, das Aufheben der Tafel, mit dem Ausspruch »Gochisosama«, was etwa so viel bedeutet wie »Es hat gut geschmeckt« (nicht »Ihr ergebener Diener«, wie es bisweilen in Büchern über Japan zu lesen ist.)

Kaiseki-Ryori, die Teezeremonie

Trotz – oder vielleicht gerade wegen – vieler schwer verständlicher Bücher über die Teezeremonie ist diese typisch japanische Erscheinung und das dazu gehörende Essen für die meisten Europäer ein Rätsel.

Das chinesische Schriftzeichen »Kai« kann »Konferenz« bedeuten, »Seki« so viel wie »Sitzplatz«. (Da Japan stark von China beeinflusst wurde, weist das Japanische auch chinesische Schriftzeichen auf.) Zusammen haben sie die Bedeutung »Party« oder »Zusammensein«. Da japanische Zeichen grundsätzlich mehrdeutig sind, können die Glieder von »Kaiseki« auch – anders geschrieben, aber gleich ausgesprochen – »Oberkörper« (»Kai«) und »Stein« (»Seki«) bedeuten. Diese Variante hat ihre Erklärung im Leben der Mönche: Wenn sie im kalten Winter hungrig und frierend bei der Meditation saßen, das wenige Essen nur aus Reis und Salzpflaumen bestehend, schoben sie einen erhitzten Stein in ihren Kimono, der – wohl mehr symbolisch – die Kälte vertrieb und damit offensichtlich auch den Hunger erträglicher machte.

Die Teezeremonie geht, nach strengen Regeln, folgendermaßen vonstatten:

Vor der eigentlichen Zeremonie bereitet der Gastgeber die Speisen zu und serviert sie dann auch selbst. Die Menge des Essens ist gering, es besteht, ähnlich wie das Tempelessen, aus Suppe, Reis und drei Beigaben. Dazu kommen weitere Speisen, deren Art ebenfalls streng geregelt ist. Besonders wichtig sind bei dieser Küche wieder – typisch japanisch – die vier Jahreszeiten und ihre jeweiligen Naturalien.

Selbst die Art des Servierens ist in einem Maß ritualisiert, wie es Ausländer nur schwer verstehen. Die Essstäbchen müssen korrekt gehalten und die Teller nach Vorschrift gehoben und bewegt werden. Jedes Tellerchen und Tässchen hatten einen genau vorgeschriebenen Platz. Es wird sehr sorgfältig gespeist und erst nach dem gemeinsamen Essen, nachdem die Gäste dem Gastgeber gedankt haben, darf geredet werden. Die Teezeremonie gilt in Japan seit jeher als besondere Übung der Selbstbeherrschung.

Auch die Dekoration des Teeraums ist sehr wichtig: Die Blumen werden nach der Jahreszeit ausgewählt und auch die Farben und Muster der Teller aus Porzellan oder Lack sind je nach Jahreszeit unterschiedlich. Im Winter sind die Materialien im Allgemeinen dicker und dunkler, oft schwarz oder auch weiß wie Schnee und Reif. Der Frühling ist rosa wie die Kirschblüten, dem Sommer sind leichte, dünne Teller in Blau oder Grün angemessen, während im Herbst die Farben Rot, Orange und Gelb die Natur widerspiegeln.

Heute bieten viele Spezialrestaurants und Tempel diese für Ausländer sehr exotische Küche an, ebenso wie Shojin-Ryori, die fleischlose Küche des Zen-Buddhismus.

Die wichtigsten Kochgeräte

Das wichtigste Stück in einer japanischen Küche ist der Reiskocher. Besonders praktisch sind elektrische Geräte, die immer das gleiche Ergebnis liefern und bei denen die Speisen nicht anbrennen. Darüber hinaus werden Kochtöpfe von verschiedener Größe und Form benötigt und ein dicker irdener Topf für den Tisch. Häufig benutzen Japaner den »Yaki«, einen Tisch-Grill, der durch Dämpfer aus Bambus, gusseiserne Töpfe für Tempura sowie feine Reiber ergänzt wird.

Zur Zubereitung der Speisen werden außerdem 30 bis 40 cm lange Kochstäbchen aus Holz benötigt, »Suribachi«, Mörser, und verschiedene Geräte aus rostfreiem Stahl zum Ausstechen von Formen aus Gemüse.

In Japan wird oft ein Deckel aus Holz oder Pergamentpapier benutzt. Da er direkt auf das Essen gelegt wird, muss er etwas kleiner sein als der Topf. In die leichten Deckel aus Papier müssen kleine Löcher gestochen werden, damit sie der entweichende Dampf nicht hochhebt.

Unter den zahlreichen Messersorten besonders wichtig sind ein eckiges Gemüsemesser, ein dünnes, langes Sashimimesser und ein dickes Debamesser. Japanische Messer sind aus echtem, nicht rostfreiem Stahl und müssen trocken aufbewahrt werden. Wichtig ist die richtige Pflege: Selbst nach einmaliger Benutzung muss jedes Messer gründlich gewaschen und geschärft werden. Von Zeit zu Zeit ist sorgfältiges Schleifen unumgänglich, damit das richtige Schneiden aller Zutaten in wirklich hauchdünne Scheiben möglich ist und der Schnitt sauber – anderenfalls sieht beispielsweise das geschnittene Fleisch unansehlich aus. Der Umgang mit diesen Messern erfordert langjährige Übung und Anfängern ist große Vorsicht und Konzentration zu raten, um sich nicht zu verletzen.

Selbst japanische Meisterköche behandeln die Messer mit Respekt und Achtung.

Die Zubereitung von Sushi erfordert weitere Spezialgeräte:

- Große Schüsseln aus unbehandeltem Holz, durch das das entstehende Kondenswasser aufgesaugt wird,
- flache, spachtelartige Speziallöffel aus Holz,
- eine »Makisu«, d.h. eine Bambusmatte zum Rollen,
- eine viereckige Bratpfanne,
- Fächer zum Abkühlen des Reises und
- Formen zum Modellieren des Sushi.

Einige Kochtipps vorneweg

Einige Fragen werden so oft gestellt, dass die wichtigsten Ratschläge zur Vermeidung häufig auftretender Fehler hier kurz zusammengestellt werden sollen, selbstverständlich ohne Anspruch auf Vollständigkeit.

Die Zubereitung von »Gohan«, japanischem Reis

Für die Zubereitung von Reis für vier Personen werden ca. 400 g Reis (oder Sushi-Reis aus Kalifornien) und etwa 400 ml Wasser benötigt. Je nach Alter des Reises, das vom Aussehen der Körner nicht bestimmt werden kann, wird etwas mehr Wasser gebraucht. Wie viel, stellt sich leider erst während des Kochens heraus, weshalb es sich empfiehlt, zunächst an einer kleinen Probe auszuprobieren, welche Menge Wasser wirklich benötigt wird. Das ist gerade bei Sushi entscheidend, um die Gäste nicht zu enttäuschen. Vor dem Kochen sollte der Reis immer gut gewaschen werden. Das Wasser dabei erneuern, bis es klar ist, und den Reis dann abtropfen lassen. Reis und Wasser in einen tiefen Kochtopf geben und mindestens 30 Minuten stehen lassen. Da die Körner sehr trocken sind, brauchen sie Zeit zum Quellen. Das Wasser bei starker Hitze zum Kochen bringen, dann auf mittlere Hitze zurückschalten. Der Reis darf nun auf keinen Fall mehr umgerührt werden! Um das Überkochen zu vermeiden, zunächst keinen Deckel benutzen. Wenn der Reis das Wasser aufgesogen hat, sind kleine Löcher im Reis zu sehen, aus denen große Blasen steigen. In diesem Fall den Reis bei schwacher Hitze zugedeckt 15 Minuten garen. Er wird dabei mehr gedämpft als gekocht und saugt das restliche Wasser auf. Erst dadurch bekommt er den vollen Geschmack. Den Topf vom Herd nehmen und weitere 10 Minuten stehen lassen. Damit das Kondenswasser nicht auf den Reis tropft, zwischen Topf und Deckel ein Baumwolltuch legen.

Sushi-Reis wird auf dieselbe Weise zubereitet, jedoch Konbu (Seetang) mitgekocht und der Reis dann in einer speziellen Reisessig-Mischung mariniert.

Dashi

Dashi ist japanische Brühe auf der Basis von Konbu (Seetang) und gehobeltem Bonito beziehungsweise getrockneten Sardellenfilets. Sie ist die Grundlage nicht nur für Suppen, sondern auch für viele andere Gerichte, vergleichbar der Verwendung von Kalbsfond oder Hühnerbrühe in der europäischen Küche.

Die Japaner kennen zwei Arten von Dashi. Für das »Ichiban-Dashi«, das erste Dashi, einen zehn Zentimeter langen Konbu-Streifen in 750 ml kaltes Wasser geben und mindestens eine halbe Stunde liegen lassen. Dann das Wasser erhitzen und kurz vor dem Siedepunkt den Konbu herausnehmen, andernfalls würde eine klebrige Substanz entweichen und die Suppe trüb und zähflüssig machen. Wenn das Wasser kocht, 20 g Bonitospäne hinzufügen, den Topf vom Herd nehmen und 1-2 Minuten stehen lassen, bis der Bonito auf den Boden sinkt. Wenn der Bonito zu lange kocht, bekommt die Brühe einen starken Fischgeruch und wird trüb. Die Flüssigkeit durch ein Baumwolltuch filtern. Ichiban-Dashi dient als gute Suppe.

Für das »Niban-Dashi«, das zweite Dashi, die Bonitoreste im Baumwolltuch nochmals zusammen mit 5 g frischen Bonitospänen in 1 l Wasser 10 Minuten kochen und dann die Flüssigkeit abseihen. Niban-Dashi wird für Salatsaucen und zum Kochen von Gemüsen gebraucht. In verschließbaren Gläsern kann es bis zu zwei Tagen im Kühlschrank aufgehoben werden. Zur längeren Aufbewahrung einfrieren, am besten in Formen, die zur Herstellung von Eiswürfeln dienen.

Statt Bonito können auch getrocknete Sardellenfilets verwendet werden (16 Stück bei 750 ml Wasser und 10 cm Konbu). Es entsteht dann eine Suppe von recht kräftigem Geschmack.

Dashi gibt es auch als Instant-Pulver im Handel.

Miso

Geschmack und Aroma von Miso, Sojabohnenpaste, sind salzig und fein, deshalb verwendet man es häufig anstelle von Salz. Die Japaner kennen viele Arten von Miso, die hellen schmecken süßer, die dunklen würziger. Durch Vermischen entstehen neue Geschmacksvarianten. Für Suppen und Saucen sollte, um Klumpenbildung zu vermeiden, Miso in einer kleinen Schüssel mit etwas Flüssigkeit (Wasser oder Brühe) verrührt und dann erst verwendet werden. Eine Miso-Suppe sollte nicht zu lange kochen, damit das Aroma nicht entweicht.

Bei der Verwendung von Gewürzen ist eine strikte Reihenfolge einzuhalten, da sich andernfalls der Geschmack ändert: Zucker, Sake, Salz, Sojasauce, Essig, Miso.

Sushi

Für Sushi sollten Sushireis aus Kalifornien und japanischer Reisessig verwendet werden.

Weil Sushireis klebrig ist, müssen die Finger bei dessen Verarbeitung immer feucht sein. Viele Fehler entstehen dadurch, dass die Hände triefnass sind; bei zu viel Wasser fallen die Reiskörner auseinander und der Yakinori zerfällt. Um die Hände zu befeuchten, genügt es, die Fingerspitzen in Wasser zu tauchen und dann die Hände gut zu reiben. Um sie immer gleichbleibend feucht zu halten, sollten die Finger immer wieder nass gemacht werden.

Restliche Reiskörner sollten sofort entfernt werden. Es sieht sehr unsauber aus, wenn sie an unerwünschten Stellen kleben, am Fisch, am Yakinori oder am Rand des Tellers.

Auch der Arbeitsplatz sollte immer sauber und trocken sein! Besonders beim Schneiden und Aufbewahren von rohem Fisch besteht die Gefahr von Bakterienbefall.

Yakinori ist bis zur Verarbeitung immer trocken zu halten. Er saugt schnell Feuchtigkeit an, wird runzelig und verliert das Aroma. Reste müssen luftdicht eingepackt und im Kühlschrank oder Gefrierfach aufbewahrt werden.

Für das Schneiden von Sushi sollte immer ein scharfes, sauberes Messer verwendet werden, damit es leicht und appetitlich geschnitten werden kann. Auch das Messer muß immer feucht sein und der daran klebende Reis regelmäßig entfernt werden.

In manchen Rezepten wird empfohlen, die Essigmarinade kurz zu erhitzen, doch sollte man davon absehen, da das Aroma dabei verloren geht.

Für den Rollensushi sollte nicht zu viel Füllung verwendet werden, da die Rollen dann nicht gut geschlossen werden können und diese später aufgrund der eigenen Feuchtigkeit platzen könnten.

Abkürzungserklärungen:

EL = Esslöffel
TL = Teelöffel
ml = Milliliter
g = Gramm
cm = Zentimeter

Sofern nicht anders angegeben, sind alle Rezepte für 4 Personen berechnet.

Die Rezepte

作り方

Die Jahreszeiten und ihre jeweiligen Früchte sind von großer Bedeutung in der japanischen Küche. Kirschblüten und frischen Bambus gibt es nur im Frühling, Chrysanthemenblüten im Herbst und Chinakohl im Winter. So wurden die Rezepte dieses Buches der Jahreszeit zugeordnet, in der sie traditionell in Japan zubereitet werden. Zuvor werden jedoch einige Sushirezepte vorgestellt, das zurecht in der ganzen Welt als »typisch japanisch« gilt. Alle Rezepte sind erprobt und so ausgewählt, dass weder das Besorgen der Zutaten noch die Zubereitung allzu große Schwierigkeiten machen dürften.

Sind Sie Edokko?
Essen Sie ein Sushi
Und noch mehr Sushi.

Kozue Jaroš-Matsuo

Sushi

寿し

Sushi wird in einem kleinen Schälchen mit Sojasauce serviert. Man kann es mit den Fingern nehmen, im Allgemeinen aber wird Sushi mit Essstäbchen gegessen. Da Sojasauce sehr salzig ist, wird sie nur sparsam verwendet. Und um den Durst zu löschen, wird zu diesem Reisgericht heißer grüner Tee oder eiskaltes Bier getrunken.

Nigiri-Sushi
Sushi mit Fisch

- 400 g Sushireis
- 10 cm Konbu (Seetang)
- 50 ml Reisessig
- 2 EL Zucker
- Salz
- 1 EL Mirin (süßer Reiswein)
- 4 frische Garnelen
- 1 Blatt Nori oder Yakinori (Seetang)
- 1 EL Wasabipulver
- 100 g Thunfischfilet
- 100 g Lachsfilet
- 1 Glas Forellen-Kaviar
- Sojasauce

1 Den Sushireis gut waschen, bis das Wasser klar ist. Abtropfen lassen. Den Konbu unter fließendem Wasser abbürsten. Den Konbu, den Reis und 400 ml Wasser in einen Topf geben und mindestens 30 Minuten stehen lassen. Reisessig, Zucker, Mirin und 1/2 EL Salz verrühren, bis der Zucker aufgelöst ist.

2 Zum Kochen bringen, dann auf mittlere Hitze zurückschalten. Nicht umrühren. Wenn das Wasser vom Reis aufgesogen ist, den Reis bei milder Hitze zugedeckt etwa15 Minuten garen, vom Herd nehmen und 10 Minuten stehen lassen. Zwischen Topf und Deckel ein Baumwolltuch legen.

3 Den Reis in eine große Schüssel geben und die Reisessig-Mischung darunter mengen. Mit einem Fächer oder Föhn abkühlen. Mit einem sauberen Tuch und Frischhaltefolie zugedeckt auf Zimmertemperatur abkühlen lassen, dabei einige Male umrühren.

4 Die Garnelen waschen, mit einem Spießchen den Darm, der unter dem Rücken versteckt ist, herausziehen und die Garnelen auf der Bauchseite vom Hals bis zum Schwanz durchstechen. In kochendes Salzwasser geben und etwa 3 Minuten garen. Aus dem Wasser nehmen, die Spießchen drehen und in kaltem Wasser abkühlen lassen. Die Spieße aus den Garnelen herausziehen, an den Bauchseiten aufschneiden und häuten.

5 Den Nori in etwa 4 cm breite Streifen schneiden. Das Wasabi mit etwas Wasser zu einer dickflüssigen Masse verrühren. Das Thunfisch- und das Lachsfilet waschen, trockentupfen und in 3 x 7 cm große Stücke schneiden.

6 Die Hände mit Essig oder Wasser anfeuchten. 1 EL Reis zu einem länglichen Knödel formen. Auf eine Scheibe Thunfisch- oder Lachsfilet etwas Wasabi streichen, einen Reisknödel darauf legen und leicht zusammendrücken. Mit einem Nori-Streifen ein Reisbällchen umwinkeln und in die obere Vertiefung

Forellen-Kaviar geben. Etwas kleinere Reisbällchen formen und die Garnelen damit füllen. Diesen Vorgang wiederholen, bis die Zutaten verbraucht sind.

7 Das Sushi auf vier Tellern anrichten, mit den Garnelen garnieren und mit Sojasauce servieren.

Maki-Sushi
Sushi für den Frühling

Eine doppelte Portion Sushireis wie auf Seite 49 beschrieben

- 4 getrocknete Shiitake-Pilze
- 1 Möhre
- 20 g Kampyo (getrocknete Kürbisstreifen)
- Salz
- 200 ml Dashi (japanische Brühe)
- 3 EL Zucker
- 3 EL Mirin (süßer Reiswein)
- 3 EL Sojasauce
- 2 Eier
- Öl
- 40 g Blattspinat
- 2 Blatt Yakinori (Seetang)
- Süßsaurer Ingwer (siehe Rezept Seite 57)

1 Die Shiitake-Pilze mindestens 30 Minuten in warmem Wasser einweichen.

2 Die Möhre putzen, schälen und in schmale Streifen schneiden.

3 Das Kampyo waschen, mit Salz abreiben und erneut waschen. In einen Topf geben, mit kaltem Wasser bedecken und etwa 10 Minuten ruhen lassen.

4 Die Shiitake-Pilze aus dem Wasser nehmen, die Stiele entfernen und die Pilze in feine Streifen schneiden.

5 Das Kampyo aufkochen und dann etwa 10 Minuten bei milder Hitze köcheln lassen. Das Wasser abgießen und Shiitake-Pilze, Möhre, Dashi, Zucker, Mirin und Sojasauce zu dem Kampyo geben. Alles einmal aufkochen und dann bei milder Hitze etwa 30 Minuten köcheln lassen, bis die Flüssigkeit fast verdampft ist. Abkühlen lassen.

6 Die Eier mit einer Prise Salz in eine Schüssel geben und mit einer Gabel quirlen.
Öl in einer Bratpfanne erhitzen. Etwas von der Eiermasse in die Pfanne hineingeben und hauchdünne Eierpfannkuchen ausbacken. Abkühlen lassen.

7 Den Blattspinat waschen und putzen. Kurz in kochendes Salzwasser, dann in kaltes Wasser geben. Abtropfen und abkühlen lassen.

8 Die Eierpfannkuchen nach dem Abkühlen in große Vierecke schneiden. Die übrigen Pfannkuchenstreifen zur Seite legen.

9 Eine Bambusmatte ausbreiten und ein ganzes Yakinori-Blatt darauf legen. Eine Schicht Reis gleichmäßig darauf verteilen, jedoch an einer Seite etwa 2 cm frei lassen. Auf einen Streifen in der Mitte Shiitake-Pilze, Möhre, Kampyo, Spinat und Eierpfannkuchenstreifen geben. Mit Hilfe der Matte vorsichtig aufrollen und fest andrücken. Mit dem zweiten Blatt Yakinori in gleicher Weise verfahren. Den Arbeitsvorgang auch mit Eierpfannkuchen statt mit Yakinori-Blättern durchführen.

10 Die Sushirollen achteln und mit süßsaurem Ingwer servieren.

Kyo-Chirashi
Gemischtes Sushi aus Kyoto

Sushireis wie auf Seite 49 beschrieben

4 getrocknete Shiitake-Pilze
2 Stück Koya-Dofu (gefriergetrockneter Tofu)
100 g Bambussprossen aus dem Glas
1 Möhre
700 ml Dashi (japanische Brühe)
70 ml Sojasauce
2 EL Zucker
3 EL Mirin (süßer Reiswein)
2 Eier
Salz
Öl
3 EL geröstete Sesamsamen
1 Blatt Yakinori (Seetang, in 5 cm lange Streifen geschnitten)
100 g gekochte Shrimps
2 EL gekochte Erbsen
Süßsaurer Ingwer

1 Die Shiitake-Pilze mindestens 30 Minuten in warmem Wasser einweichen. Den Koya-Dofu in heißem Wasser einweichen.

2 Die Bambussprossen gut waschen und in sehr kleine Stücke schneiden. Die Möhre putzen, schälen und in sehr kleine Stücke schneiden. Die Möhre und die Bambussprossen in 30 ml Dashi, 2 EL Sojasauce, 1 EL Zucker und 1 EL Mirin gar kochen. Abkühlen lassen.

3 Die Shiitake-Pilze aus dem Wasser nehmen, die Stiele entfernen und die Pilze in feine Streifen schneiden. Shiitake-Pilze, 30 ml Dashi, 1 EL Sojasauce, 1 EL Zucker und 1 EL Mirin kochen, bis die Sauce aufgesogen ist. Achtung! Diese Sauce kann sehr leicht anbrennen.

4 Den eingeweichten Koya-Dofu unter fließendem Wasser gut waschen, bis das Wasser klar ist. In einen Topf legen und so viel

Dashi zufügen, bis der Koya-Dofu bedeckt ist. Einen Deckel, der kleiner ist als der Topf, darauf legen. Das Dashi mit dem Koya-Dofu zum Kochen bringen und etwa 10 Minuten kochen.
1 1/2 EL Sojasauce, 1 EL Mirin und eine Prise Zucker dazugeben und etwa 15 Minuten kochen. Den Koya-Dofu in der Sauce abkühlen lassen.

5 Die Eier mit einer Prise Salz in eine Schüssel geben und mit einer Gabel quirlen.
Öl in einer Bratpfanne erhitzen. Etwas von der Eiermasse in die Pfanne hineingeben und hauchdünne Eierpfannkuchen ausbacken. Abkühlen lassen.

6 Den Koya-Dofu in sehr kleine Stücke schneiden. Koya-Dofu, Bambussprossen und Möhre und geröstete Sesamsamen mit dem Reis gut vermischen und in eine große Schüssel geben.

7 Die Eierpfannkuchen nach dem Abkühlen in 5 cm lange, feine Streifen schneiden. Die Reismischung mit Shiitake-Pilzen, Eierpfannkuchen, Yakinori-Streifen, Shrimps und Erbsen dekorieren.

8 Den süßsauren Ingwer in feine Streifen schneiden und zum Sushi servieren.

Chirashi-Sushi
Bunt garniertes Sushi

Sushireis wie auf Seite 49 beschrieben

4 getrocknete Shiitake-Pilze
1 Möhre
60 ml Dashi (japanische Brühe)
Salz
2 EL Zucker
2 EL Sojasauce
1 EL Mirin (süßer Reiswein)
2 Eier
Öl
1-2 Blatt Yakinori (Seetang)
30 g grüne Bohnen
100 g geräucherter Lachs
200 g gekochte Garnelen

1 Die Shiitake-Pilze mindestens 30 Minuten in warmem Wasser einweichen.

2 Die Möhre putzen, schälen, in 3 cm lange Streifen schneiden und in 30 ml Dashi, einer Prise Salz, 1 EL Zucker und 1 EL Sojasauce garen, bis die Sauce aufgesogen ist.

3 Die Shiitake-Pilze aus dem Wasser nehmen, die Stiele entfernen und die Pilze in feine Streifen schneiden. In einem Topf Shiitake-Pilze, 30 ml Dashi, 1 EL Zucker, 1 EL Sojasauce und 1 EL Mirin kochen, bis die Sauce aufgesogen ist. Achtung! Diese Sauce kann sehr leicht anbrennen.

4 In einer Schüssel den Reis, die Shiitake-Pilze und die Möhre gut vermischen.

5 Die Eier mit einer Prise Salz in eine Schüssel geben und mit einer Gabel quirlen. Öl in einer Bratpfanne erhitzen. Etwas von der Eiermasse in die Pfanne hineingeben und hauchdünne Eierpfannkuchen ausbacken. Abkühlen lassen.

6 Den Yakinori mit den Händen grob zerreiben oder mit einer Schere in 5 cm lange, dünne Streifen schneiden und bis zur Weiterverarbeitung trocken halten.

7 Die grünen Bohnen waschen, putzen und wenn nötig brechen. Kurz in kochendes Salzwasser und dann in kaltes Wasser geben, abtropfen und dann abkühlen lassen.

8 Den geräucherten Lachs in 2 x 3 cm große Rechtecke schneiden. Die abgekühlten Eierpfannkuchen in 5 cm lange, feine Streifen schneiden. Die grünen Bohnen in feine Streifen schneiden.

9 Den Reis mit den Pilzen und den Möhren in Servierteller oder -schüsseln geben. Zuerst die Eierstreifen und dann Yakinori, grüne Bohnen, Lachs und Garnelen darauf legen.

Masu-Sushi
Sushi mit Forelle

Sushireis wie auf Seite 49 beschrieben

4 mittelgroße Forellenfilets
Salz
Reisessig zum Abspülen und Marinieren

1 Die Forellenfilets waschen und trockentupfen. Die Filets auf beiden Seiten gut salzen und 3-4 Stunden abgedeckt im Kühlschrank aufbewahren.

2 Die Forellenfilets mit Reisessig abspülen und in frischem Reisessig, der die Filets bedeckt, etwa 30 Minuten marinieren. Anschließend die Filets trockentupfen. Den Reis zu vier länglichen Knödeln formen.

3 Ein Forellenfilet mit der Hautseite nach unten auf eine Bambusmatte legen. Ein Knödel aus Reis auf das Filets legen. Das Filet mit Hilfe der Bambusmatte an der Längsseite aufrollen und gut andrücken. Die drei anderen Forellenfilets in gleicher Weise aufrollen.

4 Die Sushi in Frischhaltefolie einwickeln und einige Stunden ruhen lassen. Dann in etwa 3 cm breite Stücke schneiden.

Tipp: Dieses Sushi schmeckt einen Tag nach der Zubereitung am besten!

Kosode-Sushi
Sushi mit Lachs

Sushireis wie auf Seite 49 beschrieben

250 g Lachsfilet
Salz
4 EL Reisessig
Dill
Eigelb von 2 hart gekochten Eiern

1 Das Lachsfilet waschen, abtrocknen und gut salzen. Mit einem Teller abdecken und über Nacht in den Kühlschrank stellen.

2 Das Lachsfilet abwaschen und gut abtrocknen. In 3 mm dünne Scheiben schneiden und in dem Reisessig etwa 10 Minuten marinieren. Die Scheiben gut abtropfen lassen und halbieren.

3 Ein sauberes Tuch anfeuchten und auf einem Brett ausbreiten. Die Lachsfiletscheiben nebeneinander legen, sodass eine etwa 7 x 20 cm große Fläche entsteht. Den Reis und die Dillzweige darauf verteilen. Mit Hilfe des Tuchs eine Rolle formen.

4 Das Eigelb durch ein Sieb streichen und auf die Sushirolle streuen.

Sake-no Gomoku-Sushi
Gemischter Sushi mit Lachs

Sushireis wie auf Seite 49 beschrieben

4 getrocknete Shiitake-Pilze
200 g Lachsfilet
Salz
100 g frische Austernpilze
90 ml Mirin (süßer Reiswein)
5-6 Zuckererbsenschoten
1 Möhre
4 EL Sojasauce
4 EL Zucker
2 Eier
Öl
1 Blatt Yakinori (Seetang)
Saft 1/2 Zitrone
2 EL geröstete Sesamsamen

1 Die Shiitake-Pilze mindestens 30 Minuten in warmem Wasser einweichen. Das Lachsfilet salzen und etwa 30 Minuten ruhen lassen.

2 Die Austernpilze waschen, putzen, in kleine Stücke reißen, mit 2 EL Mirin beträufeln und salzen. Kurz dünsten.

3 Das Lachsfilet mit Küchenpapier abtupfen und im vorgeheizten Ofen etwa 5 Minuten grillen. Abkühlen lassen.

4 Die Zuckererbsenschoten waschen, putzen und brechen. Kurz in kochendes Salz-

wasser, dann in kaltes Wasser geben. Abkühlen lassen.

5 Die Shiitake-Pilze aus dem Wasser nehmen, das Wasser jedoch nicht weggießen. Die Stiele entfernen und die Pilze in feine Streifen schneiden. Die Möhre putzen, schälen und in dünne Streifen schneiden. Je 3 EL Einweichwasser, 2 EL Sojasauce, 2 EL Zucker und 2 EL Mirin aufkochen und die Shiitake-Pilze und die Möhre darin gar kochen. Abkühlen lassen.

6 Die Eier mit einer Prise Salz in eine Schüssel geben und mit einer Gabel quirlen. Öl in einer Bratpfanne erhitzen. Etwas von der Eiermasse in die Pfanne hineingeben und hauchdünne Eierpfannkuchen ausbacken. Abkühlen lassen.

7 Den Yakinori mit den Händen grob zerreiben oder mit einer Schere in 5 cm lange Streifen schneiden und bis zur Weiterverarbeitung trocken halten. Das Lachsfilet in kleine Stücke schneiden, mit dem Zitronensaft beträufeln und ruhen lassen.

8 Die Zuckererbsenschoten abtropfen lassen und in kleine Stücke hacken. Die Eierpfannkuchen in mundgerechte Streifen teilen.

9 Reis, Lachsfilet, Pilze, Möhre und Sesamsamen gut vermengen und in eine Schüssel geben. Mit dem Yakinori, dann den Pfannkuchenstreifen und zum Schluss mit den Zuckererbsenschoten bestreuen. Das Sushi einige Stunden ruhen lassen.

Kalifornia-Maki
Kalifornische Rolle

Sushireis wie auf Seite 49 beschrieben

- 1/4 Gurke
- 1/2 reife Avocado
- Saft 1/2 Zitrone
- 1-2 TL Wasabipulver
- 5 Blätter Yakinori (Seetang)
- 50 g gekochte Garnelen
- 3 EL geröstete Sesamsamen

1 Die Gurke waschen, halbieren und mit einem Löffel entkernen. Der Länge nach in feine Streifen schneiden.

2 Die Avocado entkernen, schälen und der Länge nach in feine Streifen schneiden. Mit Zitronensaft beträufeln. Das Wasabi mit etwas Wasser zu einer dickflüssigen Masse verrühren. Den Yakinori halbieren. Die Garnelen hacken.

3 Ein Yakinori-Blatt auf eine Bambusmatte legen. Etwa 2 EL Reis gleichmäßig darauf verteilen. Den Reis mit Sesamsamen bestreuen, Frischhaltefolie darauf legen und fest-

drücken. Den Yakinori mit dem Belag umdrehen.

4 Auf die Mitte des Yakinori etwas Wasabi verstreichen, Gurken- oder Avocadostreifen und gehackte Garnelen darauf legen. Das Ganze aufrollen und mithilfe der Bambusmatte zu einer festen Rolle formen. Das Sushi in sechs bis acht Stücke schneiden. Vorgang wiederholen, bis die Zutaten verbraucht sind.

Hosomaki-Sushi
Gerolltes Sushi

Sushireis wie auf Seite 49 beschrieben

- 1/4 Gurke
- 50 g geräucherte Forelle
- 50 g geräucherter Lachs
- 2 TL Wasabipulver
- 5-6 Blätter Yakinori (Seetang)
- Sojasauce
- Süßsaurer Ingwer

1 Die Gurke waschen und der Länge nach halbieren. Mit einem Löffel die Kerne herausschaben und die Gurke in 1 cm breite Streifen schneiden.

2 Die Forelle und den Lachs waschen, mit Küchenpapier trockentupfen und in 1 cm breite Streifen schneiden. Das Wasabi mit 2 TL Wasser glatt rühren. Den Yakinori halbieren.

3 Eine Bambusmatte ausbreiten, den Yakinori obenauf legen und 2-3 EL Reis gleichmäßig darauf verteilen. An einer Seite einen etwa 1 cm breiten Streifen frei lassen. In der Mitte etwas Wasabi auf den Reis streichen und ein Stück Gurke oder Fisch darauf legen. Das Ganze mit Hilfe der Bambusmatte vorsichtig aufrollen.
Alle Zutaten auf diese Weise verarbeiten.

4 Vor dem Servieren die Rollen jeweils in 6 bis 8 Stücke schneiden. Mit Sojasauce und süßsaurem Ingwer als Beilage servieren.

Inari-Zushi
Sushitaschen aus frittiertem Tofu

Sushireis wie auf Seite 49 beschrieben

6 Stück Abura-Age (frittierter Tofu)
250 ml Dashi (japanische Brühe)
2 EL Sojasauce
1 EL Mirin (süßer Reiswein)
1/2 EL Zucker
2 EL geröstete schwarze Sesamsamen

1 Den Abura-Age jeweils diagonal teilen. Vorsichtig die Hülle anheben, sodass eine Tasche entsteht. Kurz in kochendes Wasser geben, sofort herausnehmen und abtropfen lassen.

2 Dashi, Sojasauce, Mirin und Zucker zum Kochen bringen, den Abura-Age dazugeben, mit einem Deckel, der kleiner ist als der Topf, zudecken und etwa 15 Minuten kochen. Den Abura-Age vorsichtig herausnehmen, ausdrücken und abkühlen lassen.

3 Den Sushireis mit den Sesamsamen gut vermengen, kleine Portionen formen, in den Abura-Age füllen und diesen zuklappen.

Sudori-Shoga
Süßsaurer Ingwer

60 g frischer Ingwer
Salz
3 EL Reisessig
2 EL Zucker
2 EL Wasser oder Weißwein

1 Den Ingwer waschen, putzen, schälen und in sehr dünne Scheiben schneiden. In kaltem Wasser etwa 20 Minuten einweichen. Abtropfen lassen.

2 Den Ingwer kurz in kochendes Wasser geben. Aus dem Wasser nehmen, auf einem Teller ausbreiten, mit Salz würzen und abkühlen lassen.

3 Reisessig, Zucker, Wasser oder Weißwein und eine Prise Salz gut vermischen, den Ingwer hinzugeben und ziehen lassen.

Tipp: Man kann den Ingwer mehrere Wochen im Kühlschrank aufbewahren.

O Frühling! Blütezeit!
Unter den weißen Wolken
Der prächtigen Kirsch-
blüten
Essen wir lieber die mit-
gebrachten Speisen.

Kozue Jaroš-Matsuo

Frühling

春

Die Japaner essen im Frühling gerne junge cremefarbene Bambussprossen. Sie werden zusammen mit frisch geerntetem Wakame gekocht und mit einigen jungen grünen Sanshoblättern serviert, die dekorativ sind und ein gutes Aroma haben. Dieses Gericht ist im Frühling ein Gedicht.

Take-Waka-Jiru
Bambussprossen- und Wakamesuppe

- 1 EL getrockneter Wakame (Seetang)
- 1 kleiner Bambusspross aus der Dose
- 1 1/2 TL Dashipulver
- Salz
- 2 cm frischer Ingwer
- Schnittlauch zum Bestreuen

1 Den Wakame mindestens 10 Minuten in kaltem Wasser einweichen. Den Bambusspross kurz in kochendes Salz- und dann in kaltes Wasser geben. Abkühlen und abtropfen lassen.

2 Den Wakame aus dem Wasser nehmen, waschen und in 4 cm lange Stücke und den Bambusspross in sehr dünne Scheiben schneiden.

3 750 ml Wasser mit dem Dashipulver zum Kochen bringen, vom Herd nehmen, den Wakame und den Bambusspross hineingeben und das Ganze mit Salz abschmecken.

4 Den Ingwer putzen, schälen, fein reiben und den Saft aus der Masse drücken. Den Schnittlauch waschen, trockenschütteln und in Ringe schneiden. Vor dem Servieren pro Person ein bis zwei Tropfen Ingwer in die Suppe geben und diese mit etwas Schnittlauch bestreuen.

Wakame-no-Nanban-Sarada
Japanischer Gemüsesalat mit Wakame

- 400 g gefrorene Tiefseegranelen aus Norwegen
- 150 g Harusame (japanische Glasnudeln)
- 6 EL Reisessig
- 3 EL Zucker
- 4 EL Sojasauce
- 1 TL Sambal Oelek
- 1 EL getrockneter Wakame (Seetang)
- 1 Gurke
- 1 Stange Sellerie oder 2 Stangen Spargel
- Kartoffelstärke zum Wälzen
- 1 Frühlingszwiebel
- Öl zum Ausbacken

1 Die Tiefseegarnelen auftauen. Die Harusame mindestens 10 Minuten in heißem Wasser einweichen. Reisessig, Zucker, Sojasauce und Sambal Oelek vermischen und aufkochen. Abkühlen lassen.

2 Den Wakame mindestens 10 Minuten in kaltem Wasser einweichen. Die Gurke waschen, putzen und in dünne Scheiben schneiden. Den Sellerie oder Spargel waschen, putzen, gegebenenfalls schälen und in dünne Scheiben schneiden. Den Wakame aus dem Wasser nehmen, waschen und klein schneiden.

3 Die Harusame aus dem Wasser nehmen und in 5 cm lange Stücke schneiden. Die Tiefseegarnelen in der Kartoffelstärke wälzen. Die Frühlingszwiebel waschen, putzen und in Ringe schneiden.

4 In einem Topf reichlich Öl erhitzen. Die Tiefseegarnelen hineingeben, ab und zu wenden und ausbacken. Aus dem Öl herausnehmen, auf einem mehrlagigen Küchenpapier abtropfen und abkühlen lassen.

5 Wakame, Gurke und Sellerie oder Spargel, Harusame und frittierte Tiefseegarnelen in die Sauce geben, gut vermischen und die Ringe der Frühlingszwiebel darüber streuen.

Daikon-to-Lemon-no-Sokuseki-Zuke
Rettichsalat

- 400 g Rettich
- Salz
- 1 unbehandelte Zitrone

1 Den Rettich waschen und putzen. Der Länge nach vierteln, in dünne Scheiben schneiden und in eine Schüssel geben. Salzen, leicht umrühren und mindestens 30 Minuten ruhen lassen.

2 Von der Hälfte der Zitrone die Schale dünn abschneiden, in feine Streifen schneiden und unter den Rettich mengen. Die Zitrone auspressen.

3 Vor dem Servieren den Saft aus der Rettichmasse mit den Händen auspressen, die Masse in eine Schüssel geben und den Zitronensaft darüber gießen.

Sanshoku-Yasai
Dreifarbiger Salat

- 250 g Sojakeime
- 150 g grüne Bohnen
- 2 kleine Möhren
- 3 EL Sojasauce
- 1 EL Zucker
- 1 TL Sesamöl
- 60 ml Reisessig
- Salz
- 1 EL geröstete Sesamsamen

1 Die Sojakeime waschen, kurz in kochendes Salzwasser, dann in kaltes Wasser geben. Abkühlen und abtropfen lassen.

2 Die grünen Bohnen waschen, putzen und wenn nötig brechen. Kurz in kochendes Salzwasser, danach in kaltes Wasser geben. Abkühlen und abtropfen lassen.

3 Die Möhren putzen und schälen. Die Möhren und die grünen Bohnen in 5 cm lange Streifen schneiden.

4 Sojasauce, Zucker, Sesamöl und Reisessig gut vermischen und mit Salz würzen. Das Gemüse in die Sauce geben und vor dem Servieren mit Sesamsamen bestreuen.

Negi-no-Nuta
Frühlingszwiebeln mit Nutasauce

- 1 EL getrockneter Wakame (Seetang)
- 4-5 Frühlingszwiebeln
- 1 Stange Sellerie
- 2 EL Miso (Sojabohnenpaste)
- 1 EL Reisessig
- 1/2 EL Zucker

1 Den Wakame mindestens 10 Minuten in kaltem Wasser einweichen.

2 Die Frühlingszwiebeln waschen und putzen. Kurz in kochendem Salzwasser garen, in kaltem Wasser abkühlen und abtropfen lassen. Das Wasser herausdrücken und in 2-3 cm lange Stücke schneiden.

3 Den Sellerie waschen, putzen und in 3 cm breite Scheiben schneiden. Kurz in kochendes Salzwasser, dann in kaltes Wasser geben. Abkühlen und abtropfen lassen. Den Wakame aus dem Wasser nehmen, waschen und in Stücke schneiden.

4 Das Miso, den Reisessig und den Zucker gut verrühren. Frühlingszwiebeln, Sellerie und Wakame hineingeben und im Kühlschrank etwa 30 Minuten ruhen lassen.

Takikomi-Gohan
Bunter Reis

- 400 g Sushireis
- 4 getrocknete Shiitake-Pilze
- 200 g Hühnerbrustfilet
- 50 g frische Champignons
- 1/2 Möhre
- 1 Bund Petersilie
- 10 cm Konbu (Seetang)
- 2 EL Sake (japanischer Reiswein)
- 3 EL Mirin (süßer Reiswein)
- 3 EL Sojasauce

1 Den Reis gut waschen, abtropfen lassen und etwa 30 Minuten stehen lassen. Die Shiitake-Pilze mindestens 30 Minuten in warmem Wasser einweichen. Das Hühnerbrustfilet von Häutchen und Fett befreien und in mundgerechte Stücke schneiden.

2 Die Champignons waschen, putzen und vierteln. Die Möhre putzen und schälen

und in Streifen schneiden. Die Petersilie waschen, trockenschütteln und in 3 cm lange Stücke schneiden. Den Konbu aus dem Wasser nehmen und waschen. Die Shiitake-Pilze aus dem Wasser nehmen, die Stiele entfernen und in kleine Stücke schneiden.

3 400 ml Wasser, Sake, Mirin, Sojasauce, Konbu und Hühnerfleisch aufkochen. Reis, Shiitake-Pilze, Champignons und Möhre dazugeben. Das Ganze zum Kochen bringen, dann bei mittlerer Hitze weiter kochen, bis das Wasser aufgesogen ist.

4 Die Petersilie dazugeben und bei milder Hitze zugedeckt etwa 15 Minuten garen. Den Topf vom Herd nehmen und 5 Minuten stehen lassen. Den Reis vorsichtig umrühren und servieren.

Ao-mame-Gohan
Reis mit Erbsen

400 g Sushireis
100 g Erbsen
Salz

1 Den Reis gut waschen und dann abtropfen lassen.

2 Reis, 400 ml Wasser, Erbsen und eine Prise Salz in einen Topf geben und bei geschlossenem Deckel das Wasser zum Kochen bringen. Bei mittlerer Hitze ohne Deckel kochen, bis der Reis das Wasser aufgesogen hat.

3 Bei milder Hitze zugedeckt etwa 15 Minuten garen. Vom Herd nehmen und 10 Minuten stehen lassen. Den Reis vorsichtig umrühren und nach Belieben warm oder kalt servieren.

Horenso-no-Karashi-Ae
Spinat und Muscheln in Senfsauce

300 g Blattspinat
Salz
2 TL scharfer Senf
3 EL Sojasauce
100-150 g Muscheln aus dem Glas

1 Den Blattspinat waschen, putzen, kurz in kochendes Salzwasser, dann in kaltes Wasser geben. Abtropfen und abkühlen lassen.

2 Den Senf, 2 EL Sojasauce und 3 EL Saft von den Muscheln gut vermischen.

3 Den Spinat mit 1 EL Sojasauce beträufeln und in 3 cm lange Stücke schneiden.

4 Kurz vor dem Servieren die Muscheln, den Spinat und die Sauce gut vermengen.

Tai-no-Sakemushi
Gedämpfte Meerbrasse

- 1 getrockneter Shiitake-Pilz
- 300 g Meerbrassen- oder Rotbarschfilet
- Salz
- 1 unbehandelte Zitrone
- 2 EL Sake (japanischer Reiswein)
- 20 cm Konbu (Seetang)
- 100 ml Dashi (japanische Brühe)
- 3 EL Sojasauce
- 3 EL Mirin (süßer Reiswein)
- Petersilie zum Garnieren

1 Den Shiitake-Pilz mindestens 30 Minuten in warmem Wasser einweichen.

2 Das Meerbrassen- oder das Rotbarschfilet waschen, trockentupfen und salzen. Von der Zitrone die Schale ganz dünn abschneiden und in feine Streifen schneiden. Die Zitrone auspressen.

3 Den Fisch mit dem Sake beträufeln. Den Shiitake-Pilz aus dem Wasser nehmen, die Stiele entfernen und den Pilz in feine Streifen schneiden.

4 Den Konbu (Seetang) waschen, vierteln, auf einen Dämpfeinsatz legen und das Meerbrassen- oder Rotbarschfilet, den Shiitake-Pilz und die Zitronenschale darauf verteilen. 5-8 Minuten vorsichtig dämpfen.

5 Dashi, Sojasauce, Zitronensaft und Mirin gut vermischen. Die Petersilie waschen, und trockenschütteln. Das gedämpfte Meerbrassen- oder Rotbarschfilet auf Tellern anrichten, mit Petersilie garnieren und mit der Sauce servieren.

Karei-no-Karani
Gekochte Scholle

- 100 g Blattspinat
- Salz
- 2 Schollenfilets
- 1 Frühlingszwiebel
- 2 cm frischer Ingwer
- 60 ml Sake (japanischer Reiswein)
- 2 EL Mirin (süßer Reiswein)
- 2 EL Sojasauce
- 100 ml Dashi (japanische Brühe)

1 Den Blattspinat waschen, putzen, kurz in kochendes Salzwasser, dann in kaltes Wasser geben. Dann abkühlen und abtropfen lassen.

2 Die Schollenfilets vierteln. Die Frühlingszwiebel waschen, putzen und in Ringe schneiden. Den Ingwer putzen, schälen und fein reiben. Den Spinat in 3 cm lange Stücke schneiden.

3 In einem flachen Topf Sake, Mirin, Sojasauce, Salz, Dashi und Ingwer aufkochen. Die Schollenfiletstücke hineingeben und einen Deckel, der kleiner ist als der Topf, auf den Fisch legen. Bei mittlerer Hitze etwa 10 Minuten gar kochen.

4 Die Schollenfiletstücke auf einem Teller anrichten, die Sauce darüber gießen, die Ringe der Frühlingszwiebel darauf streuen und mit dem Blattspinat garnieren.

Sakana-no-Harusame-goromo
Fisch im Glasnudelmantel

- 50 g Glasnudeln
- 240 g Fischfilet
- Salz
- 1 Bund Petersilie
- 2 EL Mehl
- 1 Ei
- Öl zum Ausbacken
- Saft 1 Zitrone
- 2 EL Sojasauce

1 Die Glasnudeln mindestens 10 Minuten in warmem Wasser einweichen. Das Fischfilet waschen, trockentupfen, salzen und etwa 30 Minuten ruhen lassen.

2 Die Glasnudeln aus dem Wasser nehmen und mit einer scharfen Schere die Glasnudeln in möglichst kleine Stücke schneiden. Die Petersilie waschen, trockenschütteln und rundum mit dem Mehl bestäuben.

3 Das Ei aufschlagen und verquirlen. Das Fischfilet in fingerdicke Stücke schneiden. Das Fischfilet in dem Ei und dann in den Glasnudeln wälzen.

4 In einem Topf reichlich Öl erhitzen. Einen Teil der Petersilie hineingeben und gut verteilen, ab und zu wenden und ausbacken. Aus dem Öl herausnehmen und auf einem mehrlagigen Küchenpapier abtropfen lassen. Die restliche Petersilie und dann das Fischfilet in dieser Weise frittieren.

5 Den Zitronensaft und die Sojasauce vermischen und zu dem Fischfilet und der Petersilie servieren.

Sakana-no-Roru
Ausgebackene Fischröllchen

- 2 getrocknete Shiitake-Pilze
- 400 g Fischfilet (mit weißem Fleisch)
- 4 EL Mehl
- 2 EL Mirin (süßer Reiswein)
- Salz
- Pfeffer
- 1 kleine Möhre
- 1 Frühlingszwiebel
- 1/2 Stange Sellerie
- Öl zum Ausbacken
- Saft 1 Zitrone
- 2 EL Sojasauce

1 Die Shiitake-Pilze mindestens 30 Minuten in kaltem Wasser einweichen.

2 Das Fischfilet waschen, trockentupfen und in Stücke schneiden. Das Fischfilet, das Mehl und das Mirin pürieren und mit Salz und Pfeffer würzen.

3 Die Möhre putzen und schälen, die Frühlingszwiebel und den Sellerie waschen und putzen. Das Gemüse in 5 cm lange, sehr feine Streifen schneiden.

4 Den Fischteig und das Gemüse nach Belieben in vier bis acht Portionen teilen. Auf einer mit Mehl bestäubten Platte den Fischteig ausrollen, von dem Gemüse darauf legen und das Ganze zu einer Rolle aufrollen.

5 In einem Topf reichlich Öl erhitzen. Die Fischröllchen hineingleiten lassen, ab und zu wenden und goldbraun ausbacken. Aus dem Öl herausnehmen und auf ein mehrlagiges Küchenpapier legen. Die Fischröllchen halbieren und auf einem Teller anrichten.

6 Den Zitronensaft mit der Sojasauce vermischen und zu den Fischröllchen servieren.

Tempura
Ausgebackener Fisch mit Gemüse

- 400 g Fischfilet
- Salz
- 1 Möhre
- 1 Zwiebel
- 1 Bund Petersilie
- 2 Eier
- 70 g Mehl
- 70 g Kartoffelstärke
- 50 g Shrimps
- 100 g gehackte Mandeln
- 2-3 EL geröstete Sesamsamen
- 400 ml Dashi (japanische Brühe)
- 100 ml Sojasauce
- 100 ml Mirin (süßer Reiswein)
- 200 g Rettich
- Öl zum Ausbacken

1 Das Fischfilet waschen, trockentupfen, salzen und etwa 30 Minuten ruhen lassen.

2 Die Möhre putzen, schälen und in 5 cm lange feine Streifen schneiden. Die Zwiebel schälen und in Ringe schneiden. Die Petersilie waschen und trockenschütteln. Die Blätter abzupfen und die Stängel in 5 cm lange Stücke schneiden.

3 1 Ei in eine Schüssel schlagen und je 2 EL Mehl und Kartoffelstärke hineinrühren. Möhre, Zwiebel, Petersilienstängel und Shrimps hineintauchen.

4 Das restliche Mehl und die restliche Kartoffelstärke und 1 Ei mit etwas kaltem Wasser verrühren. Der Teig sollte etwas flüssiger sein als Pfannkuchenteig.

5 Das Fischfilet mit Küchenpapier abtupfen und in 1 x 5 cm große Stücke schneiden. Die Filetstücke durch den Teig ziehen und in den Mandeln oder den Sesamsamen wälzen.

6 Das Dashi, die Sojasauce und das Mirin aufkochen und etwa 10 Minuten kochen. Abkühlen lassen. Den Rettich putzen, schälen, fein reiben und etwas Flüssigkeit aus der Masse drücken.

7 In einem Wok oder Topf reichlich Öl erhitzen. Je 1 EL von Möhre, Zwiebel, Petersilienstängel und Shrimps in das heiße Öl gleiten lassen und gut verteilen, ab und zu wenden und goldbraun ausbacken. Aus dem Öl herausnehmen und auf ein mehrlagiges Küchenpapier legen. Die Fischfiletstücke in derselben Weise frittieren.

8 Auf einen Teller, eine Lackplatte oder in Körbchen ein Stück weißes Papier legen und das Tempura darauf anrichten. Für jede Person etwas Dip und geriebenen Rettich in eine kleine Suppenschale geben.

Oyako-Yanakawa-Nabe
Huhn und Eier im Topf

- 300 g Hühnerbrustfilet
- 300 ml Dashi (japanische Brühe)
- 70 ml Mirin (süßer Reiswein)
- 70 ml Sojasauce
- 1 EL Zucker
- Japanischer Pfeffer (Sansho)
- 250 g Petersilienwurzeln
- 1 Bund Petersilie
- 4 Eier

1 Das Hühnerbrustfilet von Häutchen und Fett befreien und in kleine Stücke schneiden. In Dashi, Mirin, Sojasauce, Zucker und einer Prise japanischem Pfeffer zum Kochen bringen. Das Hühnerbrustfilet darin einmal aufkochen und dann herausnehmen, die Brühe aufbewahren.

2 Die Petersilienwurzeln putzen, schälen und in dünne Streifen schneiden. Die Petersilie gut waschen, trockenschütteln und in 5 cm lange Stücke schneiden. Die Eier in eine Schüssel schlagen und quirlen.

3 Die Petersilienwurzeln und dann das Hühnerbrustfilet in einen Topf geben. Die Brühe vorsichtig dazugießen und aufkochen. Die Petersilie hineinstreuen und etwa 3 Minuten mitkochen. Die Eiermasse nach und nach auf die kochende Brühe geben, sodass diese gleichmäßig bedeckt ist.

Gyuniku-no-Yasaimaki
Rindfleischröllchen

- 150 g Schwarzwurzeln
- 1 EL Reisessig
- 2 kleine Möhren
- 20 g grüne Bohnen
- 4 dünne Scheiben Rinderlende
- 2 EL Öl
- 3 EL Sojasauce
- 3 EL Sake (japanischer Reiswein)
- 3 EL Mirin (süßer Reiswein)
- 1 TL Zucker

1 Die Schwarzwurzeln bürsten und die dunkle Schale mit einem Sparschäler abziehen. Die geschälten Stangen sofort in kaltes Essigwasser legen, damit sie die weiße Farbe behalten. Die Möhren putzen und schälen. Die Schwarzwurzeln und die Möhren in kochendes Wasser geben und etwa 15 Minuten zugedeckt bei milder Hitze garen. Das Wasser abgießen und das Gemüse der Länge nach vierteln.

2 Die Bohnen waschen, putzen und wenn nötig brechen. Kurz in kochendes Salzwasser und dann in kaltes Wasser geben. Dann abkühlen und abtropfen lassen.

3 Die Rinderlende vom Fett befreien. Auf eine Scheibe Fleisch je ein Stück Schwarzwurzel, Möhre und eine grüne Bohne legen. Das Fleisch aufrollen und mit einem Zahnstocher zusammenhalten.

4 Das Öl in einer Bratpfanne erhitzen und die Fleischrollen von allen Seiten darin anbraten. Sojasauce, Sake, Mirin und Zucker gut vermischen, zu den Fleischrollen in die Pfanne geben und einkochen lassen.

5 Die Fleischröllchen aus der Sauce nehmen, die Zahnstocher herausziehen, die Röllchen halbieren und mit der Sauce servieren.

Berge und Hügel
Wieder belebt
Von tief grünen Blättern.
Gerade kommt eine gute
Nachricht
Der erste Fang von
Bonitofisch.

Kozue Jaroš-Matsuo

Sommer

夏

Im Sommer ziehen die Japaner leichte eiskalte Speisen vor. Am Nachmittag, wenn die Sonne vom Himmel brennt, essen sie gerne eine Schale gehobeltes Eis mit verschiedenen süßen Saucen, wie Sirup mit grünem Tee, in Wasser aufgelöster Rohrzucker, Erdbeersauce oder süße Azuki-Bohnen in Kondensmilch. Nach deren Genuss spürt man die Hitze nicht mehr, sondern ist abgekühlt und fühlt sich erfrischt.

Butanikudango-no-Misoshiru
Misosuppe mit Schweinehackfleisch

- 1 getrockneter Shiitake-Pilz
- Schnittlauch zum Bestreuen
- 120 g Schweinehackfleisch
- 1 EL Sake (japanischer Reiswein)
- 1 EL Kartoffelstärke
- Salz
- 750 ml Dashi (japanische Brühe)
- 2 EL Miso (Sojabohnenpaste)

1 Den Shiitake-Pilz mindestens 30 Minuten in warmem Wasser einweichen. Den Schnittlauch waschen, trockenschütteln und hacken.

2 Das Schweinehackfleisch, den Sake, die Kartoffelstärke und eine Prise Salz gut vermischen. Den Shiitake-Pilz aus dem Wasser nehmen, den Stiel entfernen und den Pilz in feine Streifen schneiden.

3 Das Dashi aufkochen und die Hackfleischmischung teelöffelweise hineingeben. Den entstehenden Schaum ständig abschöpfen. Den Shiitake-Pilz dazugeben und das Ganze etwa 5 Minuten kochen.

4 Das Miso in eine Schüssel geben, etwas von dem heißen Dashi hinzufügen und glatt rühren. In das kochende Dashi mit den Hackfleischbällchen gießen und den Topf vom Herd nehmen. Die Suppe auf Suppenschalen verteilen und mit dem Schnittlauch bestreuen.

Wahu-Sarada
Japanischer Salat

- 1/2 EL getrockneter Wakame (Seetang)
- 1 kleine Möhre
- 1/2 Stange Sellerie
- Petersilie zum Bestreuen
- 1/2 EL Sojasauce
- 1 EL Saft 1 Zitrone
- 1 TL Zucker
- 2 TL geröstete Sesamsamen

1 Den Wakame etwa 10 Minuten in kaltem Wasser einweichen.

2 Die Möhre putzen und schälen, den Sellerie waschen und putzen. Möhre und Sellerie in 5 cm lange feine Streifen schneiden und 5 Minuten in eiskaltes Wasser legen. Die Petersilie waschen, trockenschütteln und hacken.

3 Sojasauce, Zitronensaft, Zucker und 1 EL Wasser gut vermischen. Die Sesamsamen hacken. Die Möhre und den Sellerie aus dem Wasser nehmen und abtropfen lassen. Den

Wakame aus dem Wasser nehmen, waschen und zerkleinern.

4 Die Möhre, den Sellerie und den Wakame auf einem Teller anrichten, die Sesamsamen darüber streuen und kurz vor dem Servieren die Sauce darüber gießen. Mit der Petersilie bestreuen.

Kyurimomi
Gurkensalat mit Wakame

1 EL getrockneter Wakame (Seetang)
1 Gurke
Salz
Dill zum Bestreuen
3 EL Reisessig
1 EL Zucker
1 EL Dashi (japanische Brühe)
1 TL Sojasauce

1 Den Wakame mindestens 10 Minuten in kaltem Wasser einweichen. Die Gurke putzen, schälen und in sehr dünne Scheiben schneiden. Etwa 5 Minuten in Salzwasser ziehen lassen.

2 Den Wakame aus dem Wasser nehmen, waschen und in 3 cm lange Stücke schneiden. Das Gurkenwasser abgießen und die Gurkenscheiben mit den Händen leicht ausdrücken. Den Dill waschen, trockenschütteln und hacken.

3 Reisessig, Zucker, Dashi und Sojasauce gut vermischen und mit Salz würzen. Kurz vor dem Servieren die Gurke und den Wakame mit der Sauce vermengen. Mit dem Dill bestreuen.

Namasu
Rettich- und Möhrensalat

2 EL getrockneter Baumschwamm
400 g Rettich
1/2 Möhre
1/3 Gurke
Salz
2 EL geröstete Sesamsamen
50 ml Reisessig
2 EL Zucker
1 TL Sojasauce

1 Den Baumschwamm etwa 15 Minuten in kaltem Wasser einweichen.

2 Den Rettich, die Möhre und die Gurke putzen und schälen. Das Gemüse in 5 cm lange, feine Streifen schneiden. In eine Schüssel geben, mit Salz würzen und etwa 15 Minuten ziehen lassen.

3 Den Baumschwamm aus dem Wasser nehmen, gut waschen und in feine Streifen schneiden. Den Rettich, die Möhre und die Gurke mit den Händen gut ausdrücken.

4 Die Sesamsamen in einem Mörser zerstoßen. Den Reisessig, den Zucker und die Sojasauce dazugeben, mit Salz würzen und gut verrühren. Baumschwamm, Rettich, Möhre und Gurke in die Sauce geben und gut vermengen.

Kyuri-to-Hijiki-no-Sarada
Gurken- und Hijikisalat

1 EL Hijiki (Seetang)
1 Gurke
1 getrocknete rote Chilischote
1 EL Sojasauce
1 EL Mirin (süßer Reiswein)
2 EL Dashi (japanische Brühe)
2 EL Reisessig

1 Den Hijiki etwa 15 Minuten in kaltem Wasser einweichen. Die Gurke waschen und putzen. Auf ein Schneidebrett legen und mit einem Nudelholz darauf schlagen, bis Risse entstehen. Dann in kleine Stücke brechen.

2 Den Hijiki aus dem Wasser nehmen, waschen und mit den Händen gut ausdrücken. Die Chilischote der Länge nach aufschneiden und entkernen. Sojasauce, Mirin, Dashi, Reisessig und Chilischote gut verrühren.

3 Die Gurke, den Hijiki und die Sauce gut vermischen und etwa 20 Minuten ziehen lassen.

Yasai-no-Nanbanzu-Kake
Salat mit Nanbansauce

1/2 EL getrockneter Wakame (Seetang)
1/3 Gurke
1 Stange Sellerie
1 Frühlingszwiebel
400 g Rettich
1/2 Möhre
2 EL Zucker
2 EL Tomatenketchup
2 EL Miso (Sojabohnenpaste)
1 EL Sojasauce
1 EL Sesamöl
3 EL Reisessig
1/2 TL Chilipulver

1 Den Wakame etwa 10 Minuten in kaltem Wasser einweichen. Die Gurke waschen, putzen, der Länge nach vierteln und in dünne Scheiben schneiden.

2 Den Sellerie und die Frühlingszwiebel waschen, putzen und in 5 cm lange, feine Streifen schneiden. Den Rettich und die Möhre putzen, schälen und ebenfalls in feine Streifen zerkleinern. Den Wakame aus dem Wasser nehmen, waschen und in 2 cm lange Stücke schneiden. Wakame, Gurke, Sellerie, Frühlingszwiebel, Rettich und Möhre bis zum Verzehr in eiskaltes Wasser legen.

3 Zucker, Tomatenketchup, Miso, Sojasauce, Sesamöl, Reisessig und Chilipulver gut mischen. Vor dem Servieren das Gemüse auf Tellern anrichten und die Sauce darüber gießen.

Ingenmame-no-Goma-Ae
Grüne Bohnen mit Sesamsauce

- 200 g grüne Bohnen
- Salz
- 2 1/2 EL Sojasauce
- 2 EL Zucker
- 2 EL Dashi (japanische Brühe)
- 4 EL geröstete Sesamsamen

1 Die grünen Bohnen waschen und putzen. In kochendem Salzwasser bissfest garen. Das Wasser abgießen und die Bohnen in 5 cm lange Stücke schneiden.

2 Die Sojasauce, den Zucker und das Dashi verrühren. Die gerösteten Sesamsamen im Mörser zerstoßen und in die Sauce geben. Die Bohnen in die Sauce mengen.

Keiniku-no-Nanban-Ni
Huhn mit Gemüse

- 5 getrocknete Shiitake-Pilze
- 500 g Hühnerbrustfilet
- 3 EL Sojasauce
- 2 TL Sesamöl
- 1 1/2 kleine Möhren
- 100 g Bambussprossen aus der Dose
- 1 grüne Paprikaschote
- 1 getrocknete rote Chilischote
- 1 Knoblauchzehe
- Öl zum Anbraten
- 200 ml Dashi (japanische Brühe)
- 1 EL Sake (japanischer Reiswein)
- 1 EL Zucker

1 Die Shiitake-Pilze mindestens 30 Minuten in warmem Wasser einweichen. Das Hühnerbrustfilet sorgfältig von Fett und Häutchen befreien und in 3 x 3 cm große Stücke schneiden. 2 EL Sojasauce und das Sesamöl über die Filetstücke träufeln und etwa 10 Minuten ziehen lassen.

2 Die Möhren putzen und schälen. Die Shiitake-Pilze aus dem Wasser nehmen (das Wasser aufbewahren) und die Stiele entfernen. Die Bambussprossen, die Möhren und die Shiitake-Pilze in grobe Stücke schneiden. Die Paprikaschote waschen, halbieren, den Strunk und die Kerne entfernen und in grobe Stücke teilen.

3 Die Chilischote der Länge nach aufschneiden, entkernen und in schmale Ringe schneiden. Die Knoblauchzehe schälen und hacken.

4 Das Öl in einem Topf erhitzen und zunächst die Chilischote und den Knoblauch, dann das Hühnerbrustfilet darin anbraten. Das Dashi und das Einweichwasser der Shiitake-Pilze dazugeben und etwa 10 Minuten kochen.

5 Bambussprossen, Möhren und Shiitake-Pilze, 1 EL Sojasauce, Sake und Zucker hinzufügen und das Ganze weitere 15 Minuten garen. Die Paprika dazugeben, vom Herd nehmen und 5 Minuten zugedeckt stehen lassen.

Nasu-to-Shoga-no-Soku-sekizuke
Auberginen mit frischem Ingwer

- 200 g Auberginen
- 8 cm frischer Ingwer
- 3-4 frische Shiso- oder Melissenblätter
- Salz
- Saft 1/2 Zitrone

1 Die Auberginen waschen, putzen, halbieren und in sehr dünne Scheiben schneiden. Den Ingwer putzen, schälen und in feine Streifen zerkleinern. Die Shiso- oder Melissenblätter waschen, trockenschütteln und in dünne Streifen schneiden.

2 Die Auberginen, den Ingwer und die Shiso- oder Melissenblätter vermengen und mit Salz würzen. Die Masse mit den Händen gut ausdrücken, in eine Salatschüssel geben und mit dem Zitronensaft beträufeln.

Kikuka-Zuke
Eingemachter Rettich

- 400 g Rettich
- Salz
- 3 EL Reisessig
- 1 EL Zucker
- 1 getrocknete rote Chilischote

1 Den Rettich putzen, schälen und in 2 cm dicke Scheiben schneiden. 15-20 Minuten in 200 ml Salzwasser legen.

2 Reisessig, Zucker, 1 EL Wasser und eine Prise Salz mischen. Die Chilischote der Länge nach aufschneiden, entkernen und in schmale Ringe schneiden.

3 Den Rettich aus dem Salzwasser nehmen, gut ausdrücken und etwa 30 Minuten in der Sauce marinieren. Herausnehmen und einen Chiliring in die Mitte der Rettichscheibe setzen.

Tofu-no-Agedashi
Gebratener Tofu

- 400 g Tofu
- 100 g Rettich
- 2 EL Sojasauce
- Saft 1/2 Zitrone
- 2 Frühlingszwiebeln
- 2 EL Mehl
- 3 EL Öl

1 Den Tofu unter fließendem Wasser waschen, abtropfen lassen und zugedeckt etwa 30 Minuten ruhen lassen.

2 Den Rettich putzen, schälen und reiben. Die Masse ausdrücken und mit der Sojasauce und dem Zitronensaft vermengen.

3 Die Frühlingszwiebeln waschen, putzen und in feine Ringe schneiden. Den Tofu mit Küchenpapier trockentupfen, in vier Scheiben schneiden und in dem Mehl wälzen.

4 Das Öl in einer Bratpfanne erhitzen und den Tofu darin goldbraun braten. Mit dem Rettich und den Frühlingszwiebeln heiß servieren.

Soba
Buchweizennudeln

- 250 g Soba (japanische Buchweizennudeln)
- Salz
- 200 ml Dashi (japanische Brühe)
- 70 ml Sojasauce
- 70 ml Mirin (süßer Reiswein)
- 1 EL Zucker
- 1 TL Wasabipulver
- 1 Blatt Yakinori (Seetang)
- 1 Frühlingszwiebel

1 Die Nudeln in reichlich kochendem Salzwasser bissfest garen. Wenn das Wasser hochsteigt, jeweils mit einem Schuss kalten Wassers ablöschen und wieder kochen lassen. Wenn die Nudeln gar sind, in kaltem Wasser gut waschen und das Wasser abgießen.

2 Dashi, Sojasauce, Mirin und Zucker in einem Topf gut vermischen und zum Kochen bringen. Etwa 10 Minuten kochen, vom Herd nehmen und abkühlen lassen.

3 Das Wasabipulver mit ca. 2 TL Wasser verrühren. Den Yakinori zerreiben oder in kleine Stücke schneiden. Die Frühlingszwiebel waschen, putzen und in Ringe schneiden.

4 Die Nudeln auf flachen Tellern anrichten und mit dem Yakinori bestreuen. Die Frühlingszwiebel, das Wasabi und die Sauce in Schälchen dazu servieren.

Tipp: Bei Tisch wird die Sauce mit etwas Meerrettich und Frühlingszwiebel gemischt und die Nudeln hineingetunkt.

Wakasa-Yaki
Gegrillter Rotbarsch mit Reiswein

- 400 g Rotbarschfilet
- Salz
- 3-4 EL Sake (japanischer Reiswein)
- Frischer Ingwer zum Garnieren
- Szetschuan-Pfeffer

1 Das Rotbarschfilet waschen, trockentupfen, mit Salz würzen und 8 Stunden ziehen lassen.

2 Das Rotbarschfilet jeweils vierteln, auf Holzspieße stecken und in einem elektrischen Grill oder über einem Holzkohlefeuer etwa 4 Minuten grillen. Wenn das Filet fast gar ist, mehrfach mit dem Sake bestreichen. Den Holzspieß dabei im Fleisch drehen, damit er später leichter herauszuziehen ist.

3 Den Ingwer putzen, schälen und in sehr feine Streifen schneiden. Das Rotbarschfilet mit Szetschuan-Pfeffer würzen und mit dem Ingwer garnieren.

Sakana-Dango-no-Agemono
Gebratene Fischklößchen

- 1 EL getrockneter Baumschwamm
- 150 g Tofu
- 150 g Fischfilet
- 1/2 Möhre
- 1/2 unbehandelte Zitrone
- 1 1/2 EL Miso (Sojabohnenpaste)
- 1 1/2 EL Sojasauce
- 1 1/2 EL Zucker
- Öl zum Braten

1 Den Baumschwamm etwa 15 Minuten in kaltem Wasser einweichen. Den Tofu bis zur Weiterverarbeitung in kaltes Wasser legen.

2 Das Fischfilet waschen, trockentupfen und pürieren. Die Möhre putzen und schälen, den Baumschwamm aus dem Wasser nehmen und gut waschen. Beides in sehr feine Streifen schneiden. Den Tofu aus dem Wasser nehmen und mit einer Gabel zerdrücken. Die Zitrone waschen und ebenfalls in Scheiben schneiden.

3 Fischmousse, Tofu, Möhre und Baumschwamm mit dem Miso, der Sojasauce und dem Zucker gut vermengen und kneten. 3 cm lange, fingerdicke Röllchen formen.

4 Reichlich Öl in einer Pfanne erhitzen und die Fischklößchen darin goldbraun backen. Mit den Zitronenscheiben garnieren und heiß servieren.

Yakitori
Hühnerschaschlik

- 300 g Hühnerbrustfilet
- 2 große Frühlingszwiebeln
- 3 EL Mirin (süßer Reiswein)
- 2 EL Sojasauce
- 2 EL Sake (japanischer Reiswein)
- Szetschuan-Pfeffer
- Öl zum Braten

1 Das Hühnerbrustfilet von Häutchen und Fett befreien und in 2 x 3 cm große Stücke schneiden. Die Frühlingszwiebeln waschen, putzen und in 3 cm lange Stücke schneiden. Das Hühnerbrustfilet und die Ringe der Frühlingszwiebeln abwechselnd auf Holzspieße stecken.

2 Das Mirin, die Sojasauce und den Sake gut verrühren und mit Szetschuan-Pfeffer würzen.

3 Etwas Öl in einer Pfanne erhitzen. Das Schaschlik darin rundum goldbraun braten. Die Sauce dazugeben und etwa 10 Minuten

kochen. Das Schaschlik dabei oft wenden und die Sauce immer schwenken.

Sarasa-Yose
Buntes Gelee

75 ml Reisessig
75 ml Sojasauce
3 EL Mirin (süßer Reiswein)
1 TL Kartoffelstärke
1/2 Gurke
Salz
1 Blatt Yakinori (Seetang)
1 Stück Kanten (Gelatine aus Seetang)
1 weich gekochtes Ei
50 g gekochte Shrimps
50 g gekochter Schinken

1 Reisessig, Sojasauce, Mirin und Kartoffelstärke in einem Topf gut vermischen, zum Kochen bringen, vom Herd nehmen und abkühlen lassen.

2 Die Gurke waschen, putzen und in sehr dünne Scheiben schneiden, mit Salz würzen und kurz ruhen lassen. Den Yakinori in kleine Stücke zerreißen. Die Gurkenscheiben mit den Händen ausdrücken.

3 Den Kanten etwa 5 Minuten in kaltes Wasser legen. Dann waschen, gut ausdrücken und in kleine Stücke zerreißen.

4 Den Kanten mit 300 ml Wasser zum Kochen bringen. Das Ei mit einer Gabel zerdrücken und zu dem Kanten geben. Vorsichtig umrühren und den Topf vom Herd nehmen.

5 Gurke, Yakinori, Shrimps und Schinken zu dem Kanten geben und gut vermischen. Die Masse in angefeuchtete Suppenschalen verteilen und kühl stellen. Nach dem Stocken vorsichtig auf Teller stürzen und mit der Sauce servieren.

Achtung: Der Kanten kann bei Zimmertemperatur gerinnen.

Ocha-Kanten
Gelee aus grünem Tee

1 Stück Kanten (Gelatine aus Seetang)
170 g Zucker
200 ml Milch
1 TL grüner Tee
Obst der Jahreszeit
Saft von 4 Orangen

1 Den Kanten etwa 5 Minuten in kaltem Wasser einweichen. 80 g Zucker mit 200 ml Wasser und 80 g Zucker mit 200 ml Milch verrühren.

2 Den Kanten aus dem Wasser nehmen und ausdrücken. Jeweils die Hälfte in das Wasser und in die Milch geben.

3 Den grünen Tee mit 2 TL Zucker vermischen, mit etwas Zuckerwasser glatt rühren und in das Zuckerwasser hineingeben.

4 Das Zuckerwasser und die Milch jeweils erhitzen und den Kanten darin auflösen. In zwei flache Formen gießen und abkühlen lassen.

5 Das Obst waschen und ebenso wie das Gelee in 1 x 1 cm große Würfel schneiden. Die Würfel vermischen und den Orangensaft darüber gießen.

Brokkori-no-Gomayo-goshi
Brokkoli mit Sesamsauce

- 300 g Brokkoli
- 3 EL geröstete Sesamsamen
- 1 EL Sojasauce
- 2 EL Zucker
- 2 EL Dashi

1 Den Brokkoli putzen, in Röschen teilen und waschen. Die Stängel schälen und in Scheiben schneiden. Salzwasser aufkochen und den Brokkoli darin 7 Minuten bissfest garen, eiskalt abschrecken, abtropfen lassen und leicht ausdrücken.

2 Die gerösteten Sesamsamen in einem Mörser zerstoßen. Die Sojasauce, den Zucker und das Dashi dazugeben und gut verrühren.

3 Den Brokkoli und die Sesamsauce gut vermengen und im Kühlschrank einige Zeit ruhen lassen.

Abura-age-no-Hasami-Yaki
Gebratene Tofutaschen

- 2 Frühlingszwiebeln
- 80 g Sojabohnenkeime
- 4 Stück Abura-Age (frittierter Tofu)
- 2 cm frischer Ingwer
- 1 EL Sojasauce

1 Die Frühlingszwiebeln waschen, putzen und in 5 cm lange Streifen schneiden. Die Sojabohnenkeime waschen und abtropfen lassen. Den Ingwer putzen, schälen, fein reiben und den Saft aus der Masse drücken.

2 Den Abura-Age diagonal teilen und vorsichtig die Hülle anheben, so daß eine Tasche entsteht.

3 Die Streifen der Frühlingszwiebeln und die Sojabohnenkeime in die Tofutasche geben und diese über offenem Feuer grillen oder in einer Pfanne knusprig braten. Mit dem Ingwer und der Sojasauce heiß servieren.

Kuro-Iso
Gedämpfter Kuchen

- 100 g Mehl
- 1 1/2 TL Backpulver
- 80 g Rohrzucker
- Salz
- Mohnsamen zum Bestreuen

1 Das Mehl und das Backpulver gut mischen und in eine Schüssel sieben. Den Rohrzucker und eine Prise Salz in 100 ml Wasser einrühren. Das Mehl mit dem Backpulver darunter rühren.

2 In einem Dämpfeinsatz ein Baumwolltuch auslegen. Aus Alufolie 10 x 15 cm große Rahmen konstruieren und auf das Baumwolltuch setzen. Den Teig hineingießen und mit Mohnsamen bestreuen.

3 Etwas Wasser in einem Topf aufkochen, den Dämpfeinsatz in den Topf hängen und diesen mit einem Deckel verschließen Den Teig bei starker Hitze etwa 25 Minuten dämpfen.

Kristallklarer Abendhimmel
Im kleinen Dorf.
Geräusche von fallenden
Maronen
Auf trockenes Laub.
Nur Mutter und ich sitzen
Vor dem offenen Kamin
Und kochen Maronen im
Eisentopf.

Kozue Jaroš-Matsuo

Herbst

秋

Im Herbst kommen sehr oft Speisen mit Pilzen auf den Tisch. Leider gibt es die meisten japanischen, sehr aromatischen Pilze in Deutschland nicht zu kaufen. Frische Shiitake-Pilze jedoch sind heutzutage auf dem Markt, und man kann diese in vielen Rezepten verwenden.

Kinoko-Misosiru
Misosuppe mit Pilzen

4 getrocknete Shiitake-Pilze
4 Austernpilze
4 Champignons
1 Frühlingszwiebel
1/3 Möhre
750 ml Dashi (japanische Brühe)
2 EL Miso (Sojabohnenpaste)

1 Die Shiitake-Pilze mindestens 30 Minuten in warmem Wasser einweichen.

2 Die Austernpilze und die Champignons waschen und putzen. Die Austernpilze zerreißen und die Champignons in dünne Scheiben schneiden.

3 Die Frühlingszwiebel waschen, putzen und in feine Ringe zerkleinern. Die Möhre putzen, schälen und in Scheiben schneiden.

4 Die Shiitake-Pilze aus dem Wasser nehmen, die Stiele entfernen und die Pilze in feine Streifen schneiden.

5 Das Dashi aufkochen. Die Möhre hineingeben und etwa 3 Minuten kochen, dann die Pilze hinzufügen und das Ganze weitere 3 Minuten garen.

6 Das Miso mit 2 EL des heißen Dashi glatt rühren und in die Suppe geben. Die Suppe noch einmal aufkochen, in Schälchen füllen und mit Frühlingszwiebelringen bestreuen.

Abokado-to-Nori-no-Sarada
Avocado- und Norisalat

1 reife Avocado
Saft von 1 Zitrone
1/2 TL Wasabipulver
1/2 Blatt Yakinori (Seetang)
1 Messerspitze getrockneter Bonito (Blaufisch)
1 EL Sojasauce

1 Die Avocado schälen, halbieren, entkernen und in 1 x 1 cm große Würfel schneiden. Sofort mit dem Zitronensaft beträufeln.

2 Das Wasabipulver mit etwas Wasser glatt rühren. Den Yakinori mit den Händen grob zerreiben oder mit einer Schere zerschneiden.

3 Die Avocado, den Yakinori und den Bonito vermengen, in eine kleine, tiefe Schüssel geben und etwas Wasabi darauf streichen.

4 Den Salat sofort servieren und am Tisch nach Belieben mit Sojasauce abschmecken.

Kurumi-Ae
Glasnudelsalat mit Walnusssauce

- 100 g Glasnudeln
- 2 EL getrockneter Baumschwamm
- 100 g Walnusskerne
- 2 EL Zucker
- 3 EL Sojasauce
- 130 ml Dashi (japanische Brühe)
- 1 Möhre
- 1 1/2 EL Sake (japanischer Reiswein)

1 Die Glasnudeln etwa 10 Minuten, die Baumschwämme etwa 15 Minuten in kaltem Wasser einweichen.

2 Die Walnusskerne in einem Mörser zerstoßen. Mit dem Zucker, 2 EL Sojasauce und 100 ml Dashi gut verrühren.

3 Die Möhre putzen, schälen und in Streifen schneiden. Die Glasnudeln aus dem Wasser nehmen und in 4 cm lange Stücke teilen. Die Baumschwämme aus dem Wasser schöpfen und in Streifen schneiden.

4 30 ml Dashi, 1 EL Sojasauce und den Sake zum Kochen bringen. Die Möhre, die Glasnudeln und die Baumschwämme hineingeben und das Ganze etwa 5 Minuten garen, dabei immer wieder umrühren.

5 Den Topf vom Herd nehmen, alles abkühlen lassen und die Walnusssauce hineinrühren.

Iridori
Gemüse-Allerlei

- 4 getrocknete Shiitake-Pilze
- 100 g Bambussprossen aus der Dose
- 100 g Schwarzwurzeln
- Essig
- 1 Möhre
- 50 g grüne Bohnen
- 200 g Hühnerbrustfilet
- 4 EL Öl
- 70 ml Dashi (japanische Brühe)
- 3 EL Zucker
- 3 EL Sojasauce
- 1 EL Mirin (süßer Reiswein)

1 Die Shiitake-Pilze mindestens 30 Minuten in warmem Wasser einweichen. Die Bambussprossen in heißem Wasser waschen. Die Schwarzwurzeln unter fließendem Wasser gründlich abbürsten und waschen, die Schale mit einem Küchenmesser abschaben und die Schwarzwurzeln in 4 cm lange Stücke schneiden. In eine Mischung aus Essig und kaltem Wasser legen.

2 Die Möhre putzen, schälen und in 2 cm breite Stücke schneiden. Die grünen Bohnen waschen, putzen, kurz in kochendem Salzwasser garen und anschließend in kaltem Wasser abschrecken. Abkühlen und abtropfen lassen. Die Shiitake-Pilze aus dem Wasser nehmen, die Stiele entfernen und die Pilze vierteln.

3 Das Hühnerbrustfilet von Häutchen und Fett befreien und in mundgerechte Stücke schneiden. In einer Pfanne 2 EL Öl erhitzen, das Hühnerbrustfilet darin von allen Seiten anbraten und wieder herausnehmen.

4 Das restliche Öl in der Pfanne erhitzen und Bambussprossen, Schwarzwurzeln, Möhre und Shiitake-Pilze kurz darin anbraten. Das Hühnerbrustfilet und das Dashi hinzugeben und alles bei mittlerer Hitze etwa 5 Minuten kochen. Mit dem Zucker weitere 5 Minuten garen. Die Sojasauce und das Mirin hineingießen und weitere 20 Minuten garen. 2/3 der Flüssigkeit sollen einkochen.

5 Das Gericht auf Tellern anrichten, mit den grünen Bohnen dekorieren und nach Belieben heiß oder kalt servieren.

Kinoko-no-Dobinmushi
Pilzeintopf

- 200 g frische Shiitake-Pilze
- 100 g frische Champignons
- 100 g frische Austernpilze
- 75 ml Sake (japanischer Reiswein)
- 2 EL Sojasauce
- 600 g Hühnerbrustfilet
- Salz
- 10 cm Konbu (Seetang)
- 800 ml Dashi (japanische Brühe)
- 1 unbehandelte Zitrone

1 Die Shiitake-Pilze waschen, den Stiel abschneiden und den Hut kreuzweise einritzen. Die Champignons waschen, putzen und ebenfalls den Hut kreuzweise einritzen. Die Austernpilze waschen, putzen und in kleine Stücke schneiden.

2 2 EL Sake und 1 EL Sojasauce aufkochen, die Pilze hineingeben und darin schwenken, bis die Flüssigkeit eingekocht ist.

3 Das Hühnerbrustfilet von Häutchen und Fett befreien und in dünne Scheiben schneiden, mit Salz würzen und mit 1 EL Sake beträufeln.

4 Den Konbu, dann das Hühnerbrustfilet und zum Schluss die Pilze in einen Kochtopf geben. In einem anderen Kochtopf das Dashi mit 1 EL Sojasauce und einer Prise Salz

zum Kochen bringen und über den Konbu, das Hühnerbrustfilet und die Pilze gießen.

5 Das Ganze aufkochen, 2 EL Sake hinzufügen und bei mittlerer Hitze zugedeckt etwa 10 Minuten garen. Den Topf vom Herd nehmen und zugedeckt 5 Minuten stehen lassen.

6 Die Zitronen waschen und in Scheiben schneiden. Den Pilzeintopf mit den Zitronenscheiben servieren. Diese können nach Belieben über dem Eintopf ausgedrückt werden.

Horenso-no-Goma-Ae
Spinat mit Sesamsauce

- 300 g Blattspinat
- 50 g frische Austernpilze
- 3 EL geröstete Sesamsamen
- 1 EL Sojasauce
- 2 EL Dashi (japanische Brühe)
- 2 EL Zucker

1 Den Blattspinat gründlich waschen und putzen. Kurz in kochendem Salzwasser garen, in kaltem Wasser abschrecken und gut abtropfen lassen. Den Spinat ausdrücken und in 3 cm lange Stücke schneiden.

2 Die Austernpilze waschen und putzen. Kurz in kochendes Salzwasser, dann in kaltes Wasser geben. Gut abtropfen lassen. Die Austernpilze leicht ausdrücken und in Streifen schneiden.

3 Die Sesamsamen im Mörser zerstoßen. Mit der Sojasauce, dem Dashi und dem Zucker verrühren. Den Spinat und die Austernpilze in die Sauce rühren.

Midori-no-Asuparagasu
Grüner Spargel

- 200 g grüner Spargel
- 70 ml Dashi (japanische Brühe)
- 3 EL Mirin (süßer Reiswein)
- Salz

1 Den Spargel waschen, putzen und das untere Drittel schälen.

2 Das Dashi und das Mirin mit einer Prise Salz aufkochen. Den grünen Spargel hineingeben und etwa 5 Minuten gar kochen. In der Brühe abkühlen lassen.

Satoimo-no-Nimono
Gekochte Tarokartoffeln

- 400 g Tarokartoffeln
- 400 ml Dashi (japanische Brühe)
- 3 EL Mirin (süßer Reiswein)
- 3 EL Sojasauce
- Abgeriebene Schale 1 unbehandelten Yuzu (japanische Zitrone) oder Zitrone

1 Die Tarokartoffeln schälen, kurz in kochendem Salzwasser garen und anschließend mit kaltem Wasser abschrecken. Unter fließendem kalten Wasser den klebrigen Film abwaschen.

2 Das Dashi mit den Kartoffeln aufkochen, dann bei mittlerer Hitze zugedeckt etwa 10 Minuten garen. Das Mirin hinzugeben und ohne Deckel weitere 3-5 Minuten kochen. Die Sojasauce hineingießen und alles köcheln lassen, bis die Sauce eingekocht ist. Vom Herd nehmen und abkühlen lassen.

3 Vor dem Servieren die Tarokartoffeln mit der abgeriebenen Schale der Yuzu oder Zitrone bestreuen.

Tohu-no-Suteki
Tofusteak

- Öl zum Ausbacken und Braten
- 50 g Cashewkerne
- 1/2 Gurke
- 1 Frühlingszwiebel
- 3 EL geröstete Sesamsamen
- 1/2 Knoblauchzehe
- 3 cm frischer Ingwer
- 3 EL Sojasauce
- 1 1/2 EL Zucker
- 2 EL Dashi (japanische Brühe) oder Sake (japanischer Reiswein)
- 300 g Tofu

1 Öl in einem Kochtopf erhitzen und die Cashewkerne darin ausbacken. Auf mehrlagigem Küchenpapier abtropfen lassen und dann hacken. Die Gurke waschen, putzen und in sehr kleine Würfel schneiden. Die Frühlingszwiebel waschen, putzen und in Ringe schneiden.

2 Die Sesamsamen im Mörser zerstoßen. Die Knoblauchzehe schälen und hacken. Den Ingwer putzen, schälen und sehr klein schneiden.

3 Sesamsamen, Knoblauch, Ingwer, Sojasauce, Zucker und Dashi oder Sake verrühren. Die Cashewkerne, die Gurke und die Frühlingszwiebel mit der Sauce gut vermengen.

4 Den Tofu kurz in kaltes Wasser tauchen, gut abtropfen lassen und vierteln. Öl in einer Pfanne erhitzen und den Tofu darin goldbraun backen. Auf mehrlagigem Küchenpapier abtropfen lassen. Den Tofu auf einem Teller anrichten und die Sauce darüber gießen.

Shiitake-Gohan
Shiitakereis

- 6 getrocknete Shiitake-Pilze
- 400 g Sushireis
- 1 kleine Möhre
- 400 ml Dashi (japanische Brühe)
- 1 1/2 EL Sojasauce
- 2 EL Mirin (süßer Reiswein)
- 3 EL Sake (japanischer Reiswein)
- 11/2 TL Salz

1 Die Shiitake-Pilze mindestens 30 Minuten in warmem Wasser einweichen. Den Reis gründlich waschen und abtropfen lassen.

2 Die Möhre putzen, schälen und in feine Streifen schneiden. Die Shiitake-Pilze aus dem Wasser nehmen, die Stiele entfernen und die Pilze in feine Streifen schneiden.

3 Dashi, Sojasauce, Mirin, Sake und Salz in einem Topf gut verrühren. Die Möhre und die Shiitake-Pilze hinzugeben und das Ganze zum Kochen bringen, dann bei mittlerer Hitze kochen. Sobald der Reis das Wasser aufgesogen hat, bei schwacher Hitze zugedeckt etwa 15 Minuten garen.

4 Den Topf vom Herd nehmen, den Reis 15 Minuten ruhen lassen, dann umrühren.

Kuri-Gohan
Maronenreis

- 400 g Sushireis
- 20 Maronen
- 450 ml Dashi (japanische Brühe)
- 3 EL Sake (japanischer Reiswein)
- 1 TL Salz
- 1/2 EL Sojasauce

1 Den Reis waschen und abtropfen lassen. Die Maronen waschen, die Schale kreuzweise einschneiden, im Backofen etwa 20 Minuten rösten und schälen.

2 Reis, Maronen, Dashi, Sake, Salz und Sojasauce aufkochen und dann bei mittlerer Hitze kochen. Sobald der Reis die Flüssigkeit aufgesogen hat, bei schwacher Hitze zugedeckt etwa 15 Minuten garen.

3 Den Topf vom Herd nehmen und den Reis 10 Minuten ruhen lassen, dann mit einem Löffel umrühren.

Sake-no-Yakibitashi
Gegrillter Lachs in Sauce

- 400 g Lachsfilet
- Salz
- 3 EL Konbusake-Sojasauce (siehe Rezept zu Konbusake-Sojasauce auf Seite 88)
- 2 EL Mirin (süßer Reiswein)
- 1 Prise Zucker
- 1/2 unbehandelte Zitrone
- Dill zum Bestreuen

1 Den Ofen auf 200°C vorheizen. Das Lachsfilet waschen, trockentupfen, salzen und kurz stehen lassen.

2 Die Sojasauce, das Mirin und eine Prise Zucker gut vermischen.

3 Das Lachsfilet mit Küchenpapier abtupfen und auf ein Blech legen und mit Alufolie abfdecken. Etwa 10 Minuten im Ofen garen, zuerst die Haut-, dann die Innenseite des Fisches. Anschließend in die Sauce legen.

4 Die Zitrone waschen und in dünne Scheiben schneiden. Den Dill waschen, trockenschütteln und hacken.

5 Vor dem Servieren den Lachs abtropfen lassen, mit dem Dill bestreuen und mit den Zitronenscheiben garnieren.

Saba-no-Misoni
Makrele in Misosauce

- 400 g Makrelenfilet
- 2 cm frischer Ingwer
- 200 ml Dashi (japanische Brühe)
- 50 ml Sake (japanischer Reiswein)
- 2 1/2 EL Zucker
- 2 TL Sojasauce
- 3 EL Miso (Sojabohnenpaste)

1 Das Makrelenfilet waschen, trockentupfen, jeweils an der Hautseite zweimal einschneiden und in vier Portionen teilen.

2 Den Ingwer putzen, schälen und in sehr dünne Scheiben schneiden. 1/3 der Scheiben in sehr feine Streifen schneiden, den Rest hacken.

3 Dashi, Sake, Zucker, Sojasauce und den gehackten Ingwer in einem flachen Topf aufkochen. Das Makrelenfilet dazugeben (aber nicht aufeinander legen!), mit einem Deckel, der kleiner ist als der Topf, zudecken und etwa 5 Minuten garen. Das Miso hineingießen und weitere 10 Minuten kochen.

4 Das Gericht vor dem Servieren mit dem in Streifen geschnittenen Ingwer garnieren.

Tori-no-Rosuto
Gebratene Hühnerkeule

- 1 EL Sake (japanischer Reiswein)
- 1 EL Mirin (süßer Reiswein)
- 2 1/2 EL Sojasauce
- 4 Hühnerkeulen
- Öl zum Braten
- 1/2 Zitrone

1 Den Sake, das Mirin und die Sojasauce in einer Schüssel gut vermischen. Mit einer Gabel mehrfach in die Hühnerkeulen stechen und die Keulen mindestens 30 Minuten in der Sauce marinieren.

2 Die Hühnerkeulen aus der Marinade nehmen und mit Küchenpapier gut abtrocknen. Öl in einer Pfanne erhitzen und die Hühnerkeulen darin goldbraun braten.

3 Die Hühnerkeulen abkühlen lassen, halbieren und auf Tellern anrichten. Die Zitrone schälen und vier dünne Scheiben abschneiden. Die Zitronenscheiben zerschneiden und das Fleisch damit garnieren.

Konbusake-Shogu
Konbusake-Sojasauce

(ergibt 600 ml)

- 10 cm Konbu (Seetang)
- 400 ml Sojasauce
- 200 ml Sake

1 Den Konbu waschen, putzen, in 2 x 2 cm große Stücke schneiden und in einer Pfanne ohne Öl kurz rösten.

2 Die Sojasauce und den Sake gut vermischen und den gerösteten Konbu hineingeben.

Tipp: Gut verschlossen kann man diese Sauce im Kühlschrank sehr lange aufbewahren.

Imo-Yokan
Süßkartoffeln

- 400 g Süßkartoffeln
- Safran
- 1 Stück Kanten (Gelatine aus Seetang)
- 150 g Zucker
- 1 Päckchen Vanillezucker

1 Die Süßkartoffeln schälen, in 1 cm breite Scheiben schneiden und sofort in einen Topf mit Wasser geben. Eine Prise Safran dazugeben und die Kartoffeln gar kochen. Das Wasser abtropfen lassen und die Kartoffeln zerstampfen.

2 Den Kanten waschen, das Wasser herausdrücken und den Kanten grob zerreißen. In 400 ml Wasser aufkochen und auflösen.

3 Den Topf vom Herd nehmen, den Zucker, den Vanillezucker und die Süßkartoffeln zum Kanten geben und das Ganze mit einem Schneebesen gut verrühren. So lange rühren, bis die Masse abgekühlt ist.

4 Kleine Formen mit Wasser ausspülen und die Masse hineingießen. Wenn es fest ist, das Gelee auf ein Brett stürzen und in kleine Würfel schneiden.

Chakin-Kuri
Maronenhappen

- 10 Maronen
- 100 ml Sake (japanischer Reiswein)
- 2 EL Zucker
- 1 TL Kartoffelstärke

1 Die Maronen waschen, die Schale kreuzweise einschneiden, im Backofen etwa 20 Minuten rösten und schälen.

2 Maronen, Sake, Zucker und Kartoffelstärke aufkochen. So lange kochen, bis die Maronen zerfallen, dabei immer umrühren. Dann abkühlen lassen und die Maronen herausschöpfen.

3 Auf ein feuchtes Geschirrtuch 1 EL Maronenstücke geben und in dem Geschirrtuch ausdrücken. Die Maronenstücke zu einer Marone formen und aus dem Geschirrtuch nehmen. Die restlichen Maronen in dieser Weise verarbeiten.

4 Die Maronen auf Baumblättern anrichten und als Nachspeise mit grünem Tee servieren.

Schneebedeckte
Winternacht.
In den dunklen Straßen
Heiße geröstete
Süßkartoffeln.
Immer näher kommt die
Stimme
Des Fliegenden
Verkäufers.

Kozue Jaroš-Matsuo

Winter

Japanische Ehemänner gehen im Allgemeinen nicht in die Küche. Aber an kalten Wintertagen wird das Abendessen oft gleich auf dem Esstisch zubereitet. Dann kocht sogar der Familienvater eigenhändig Sukiyaki, und das ist ein großes Erlebnis für die ganze Familie.

Hu-no-Shiro-Misoshiru
Misosuppe mit Hu

8 mittelgroße Stücke Hu (Kekse aus Weizen-
kleber)
60 g grünes Blattgemüse
750 ml Dashi (japanische Brühe)
70 g weißes Miso (Sojabohnenpaste)
1/3 EL rotes Miso (Sojabohnenpaste)
Karashi (japanischer Senf)

1 Die Hu mindestens 10 Minuten in kaltem Wasser einweichen.

2 Das grüne Blattgemüse waschen und putzen. Kurz in kochendem Salzwasser garen, in kaltem Wasser abschrecken und gut abtropfen lassen. In feine Streifen schneiden. Die Hu aus dem Wasser nehmen und leicht ausdrücken. Das Gemüse und die Hu auf vier Suppenschalen verteilen.

3 Das Dashi und das weiße und rote Miso gut verrühren. Durch ein Sieb in einen Topf gießen und aufkochen lassen. Sofort über Gemüse und Hu in die Schalen gießen und einen Tropfen des japanischen Senfs hinzugeben.

Sakana-no-Misoshiru
Misosuppe mit Rotbarsch

200 g Rotbarschfilet
Salz
200 g Blattspinat
1 Frühlingszwiebel
2 EL Miso (Sojabohnenpaste)
750 ml Dashi (japanische Brühe)

1 Das Rotbarschfilet waschen, mit Küchenpapier trockentupfen, in 2 x 3 cm große Stücke schneiden und mit Salz würzen.

2 Den Blattspinat waschen und putzen. Kurz in kochendem Salzwasser garen, in kaltem Wasser abschrecken und abtropfen lassen. In 3 cm lange Stücke schneiden. Die Frühlingszwiebel waschen, putzen und in feine Ringe teilen.

3 Das Miso in einem Mörser zerstoßen und durch ein Sieb drücken.

4 Das Dashi erhitzen, das Rotbarschfilet hinzugeben und aufkochen. Den entstehenden Schaum ständig abschöpfen. Wenn das Fischfilet gar ist, das Miso und den Spinat in die Suppe geben und diese ein weiteres Mal aufkochen.

5 Die Suppe in Suppenschalen gießen und mit den Ringen der Frühlingszwiebel bestreuen.

Noppei-Jiru
Bunte Gemüsesuppe

2 getrocknete Shiitake-Pilze
4 Tarokartoffeln
Salz
80 g Schwarzwurzeln
Essig
1 kleine Möhre
400 g Rettich
750 ml Dashi (japanische Brühe)
1 EL Sojasauce
1 EL Sake (japanischer Reiswein)
1 EL Kartoffelstärke

1 Die Shiitake-Pilze mindestens 30 Minuten in warmem Wasser einweichen.

2 Die Tarokartoffeln schälen und in kaltem Wasser gut waschen. Kurz in kochendem Salzwasser garen, in kaltem Wasser abschrecken und gut abtropfen lassen.

3 Die Schwarzwurzeln bürsten und die dunkle Schale mit einem Sparschäler abziehen. Die geschälten Stangen sofort in kaltes Essigwasser legen, damit sie die weiße Farbe behalten. Die Möhre und den Rettich putzen und schälen. Das Gemüse der Länge nach vierteln und in dünne Scheiben schneiden.

4 Die Shiitake-Pilze aus dem Wasser nehmen, die Stiele entfernen und die Pilze vierteln.

5 Dashi, Schwarzwurzeln, Möhre, Rettich und Shiitake-Pilze aufkochen. Bei mittlerer Hitze bissfest garen. Mit einer Prise Salz, der Sojasauce und dem Sake würzen. Die Kartoffelstärke mit etwas Wasser glatt rühren und in die Suppe quirlen.

Sumashi-Jiru
Klare Forellensuppe

1 Forelle
Salz
1 kleine Möhre
1 unbehandelte Zitrone
1 Frühlingszwiebel
1 EL Sake (japanischer Reiswein)

1 Die Forelle beim Einkauf ausnehmen lassen und die Forellenabgänge (Gräten, Kopf und Abschnitte) mitgeben lassen.

2 Ein Forellenfilet waschen, mit Küchenpapier trockentupfen, mit Salz würzen und etwa 10 Minuten ziehen lassen. Die Möhre putzen und schälen.

3 Die Forellenabgänge und die Möhre in 750 ml Wasser bei mittlerer Hitze zum Kochen bringen. Bei schwacher Hitze etwa 30 Minuten kochen. Den entstehenden Schaum ständig abschöpfen.

4 Die Zitrone waschen und die Schale in langen Streifen ganz dünn abschneiden. Die einzelnen Streifen so teilen, dass sie an einem Ende verbunden sind. Die Frühlingszwiebel waschen, putzen und in dünne Ringe schneiden. Die Möhre aus der Suppe nehmen und in dünne Scheiben schneiden.

5 Das Forellenfilet in mundgerechte Stücke schneiden. Die Suppe durch ein Sieb und dann zurück in den Topf gießen. Mit Salz und Sake abschmecken und das Forellenfilet hineingeben.

6 Vor dem Servieren die Filetstücke aus der Suppe nehmen und auf vier Suppenschalen verteilen. Je eine Möhrenscheibe, einen Zitronenstreifen und Ringe der Frühlingszwiebel dazugeben und die heiße Suppe langsam hineingießen.

Niwatoridango-iri-Supu
Hühnerklößchensuppe

- 300 g Hühnerfleisch
- 2 TL Salz
- 1 kleines Ei
- 1 EL Kartoffelstärke
- 300 g Chinakohl
- 1/2 Bund Petersilie
- 750 ml Dashi (japanische Brühe)
- 1 EL Sake (japanischer Reiswein)

1 Das Hühnerfleisch sehr fein hacken oder durch einen Fleischwolf drehen. Mit 1 TL Salz, dem Ei und der Kartoffelstärke gut vermengen.

2 Den Chinakohl waschen, putzen und in 3 cm große Stücke schneiden. Die Petersilie waschen, trockenschütteln und die Blätter abzupfen.

3 Das Dashi aufkochen und dann die Fleischmasse als Klößchen mit einem Teelöffel hineingeben. Den entstehenden Schaum ständig abschöpfen. Nach etwa 10 Minuten den Chinakohl hinzufügen und weitere 5 Minuten garen. Mit dem Sake und 1 TL Salz würzen, auf Suppenschalen verteilen und mit Petersilie bestreuen.

Ika-no-Karashi-Sumiso
Tintenfischsalat

10 g Wakame (Seetang)
300 g Tintenfisch
4 Frühlingszwiebeln
300 g Rettich
1 Möhre
4 EL Miso (Sojabohnenpaste)
1 TL Karashi (japanischer Senf)
1 EL Reisessig

1 Den Wakame mindestens 10 Minuten in kaltem Wasser einweichen.

2 Den Tintenfisch beim Einkauf ausnehmen lassen. Zuhause den Fisch waschen und die Haut zum Kopf hin abziehen. Das Fleisch im Abstand von 3 mm einschneiden. Dann in 1 x 5 cm große Stücke schneiden. Kurz in kochendem Salzwasser garen, in kaltem Wasser abschrecken und abtropfen lassen.

3 Die Frühlingszwiebeln waschen und putzen. Kurz in kochendes Salzwasser, dann in kaltes Wasser geben und abtropfen lassen. In 5 cm lange Stücke schneiden.

4 Den Rettich und die Möhre putzen, schälen und in breite Scheiben schneiden. Kurz in kaltes Salzwasser legen, abtropfen lassen und das Wasser leicht ausdrücken. Den Wakame aus dem Wasser nehmen, gut waschen und in 5 cm lange Stücke schneiden.

5 Tintenfisch, Wakame, Frühlingszwiebeln, Rettich und Möhre in einer Schüssel anrichten. Das Miso, den Senf und den Reisessig gut verrühren und dazu servieren.

Yasai-no-Suzuke
Mariniertes Gemüse

1/2 Blumenkohl
1 Möhre
2 Stangen Sellerie
400 ml Dashi (japanische Brühe)
200 ml Reisessig
1-2 kleine getrocknete Chilischoten

1 Vom Blumenkohl Blätter und Strunk entfernen und den Kohl putzen. In kleine Röschen teilen und waschen.

2 Die Möhre putzen und schälen. Den Sellerie waschen und putzen. Die Möhre und den Sellerie in Scheiben schneiden.

3 Das Dashi, den Reisessig und die Chilischoten gut vermischen. Den Blumenkohl, die Möhre und den Sellerie darin aufkochen und bissfest garen. Den Topf vom Herd nehmen und abkühlen lassen.

Hijiki-Gohan
Reis mit Hijiki

Sushireis wie auf Seite 49 beschrieben

- 2 EL getrockneter Hijiki (Seetang)
- 100 g Hühnerbrustfilet
- 1/2 Möhre
- Petersilie zum Garnieren
- Öl zum Anbraten
- 200 ml Dashi (japanische Brühe)
- 1 EL getrocknete Krabben
- 1 TL Zucker
- 3 EL Sojasauce
- 1 1/2 EL Sake (japanischer Reiswein)
- Süßsaurer Ingwer

1 Den Hijiki etwa 30 Minuten in kaltem Wasser einweichen. Das Hühnerbrustfilet waschen, mit Küchenpapier trockentupfen und in 4 cm lange, dünne Streifen schneiden.

2 Die Möhre putzen, schälen und in 4 cm lange Streifen schneiden. Die Petersilie waschen und trockenschütteln. Den Hijiki aus dem Wasser nehmen, gut waschen und abtropfen lassen.

3 Öl in einem Kochtopf erhitzen und zuerst die Möhre, dann das Hühnerbrustfilet und zum Schluss den Hijiki darin anbraten.

4 Das Dashi und die Krabben hinzufügen. Alles aufkochen und bei mittlerer Hitze 10-15 Minuten garen. Den Zucker, die Sojasauce und den Sake hineingeben und zugedeckt weitere 10-15 Minuten kochen.

5 Mit dem Reis in einer Schüssel gut vermengen und mit dem Ingwer und der Petersilie garnieren.

O-Nigiri
Reisklößchen

Sushireis wie auf Seite 49 beschrieben

- 1-2 Blätter Nori (Seetang)
- Umeboshi (eingelegte japanische Pflaumen)
- Salz
- 2-3 EL geröstete Sesamsamen

1 Den Nori in 10 x 10 cm große Stücke schneiden. Die Umeboshi grob hacken.

2 Die Hände anfeuchten und mit Salz einreiben. 2 EL heißen Reis nehmen und Klößchen in beliebiger Form modellieren: rund, dreieckig oder wie einen Zylinder.

3 In die Mitte des Klößchens ein kleines Loch drücken, ein Stückchen Umeboshi hineingeben und das Loch verschließen. In ein

Stück Nori wickeln oder in den Sesamsamen wälzen.

Tipp: Anstatt mit den Händen können die Klößchen auch mit Hilfe verschiedener O-Nigiri-Formen aus Plastik modelliert werden.

Okowa
Roter Reis

400 g Klebereis (Mochigome)
100 g Azukibohnen
Salz
Geröstete Sesamsamen zum Bestreuen

1 Am Vortag jeweils den Reis und die Azukibohnen in kaltem Wasser einweichen.

2 Den Reis und die Azukibohnen abtropfen lassen. Die Azukibohnen in 250 ml Wasser zum Kochen bringen. Das heiße Wasser weggießen, dieselbe Menge frisches Wasser zu den Bohnen geben, aufkochen und die Bohnen in etwa 30 Minuten fast gar kochen. Die Bohnen aus dem Kochwasser schöpfen und abtropfen lassen.

3 Das Kochwasser der Bohnen mit 1 Prise Salz aufkochen. Den Reis und die Azukibohnen hineingeben und garen, bis die Flüssigkeit aufgesogen ist. Währenddessen immer wieder umrühren.

4 Ein Tuch in einen Dämpfeinsatz legen, den Reis und die Azukibohnen hineingeben und bei starker Hitze etwa 30 Minuten dämpfen.

5 Den Azukibohnenreis in eine Schüssel füllen und mit Sesamsamen bestreuen.

Shiratama-Dango
Klebereisklößchen mit Sesamsauce

100 g Klebereismehl
3 EL geröstete Sesamsamen
3 EL brauner Rohrzucker
2 EL Honig
1 TL Sojasauce
Abgeriebene Schale 1 unbehandelten Zitrone

1 50 ml Wasser zum Klebereismehl geben und gut kneten. Der Teig sollte nicht zu weich sein.

2 Den Teig zu walnussgroßen Bällchen formen und diese etwas flach drücken. Jeweils ein paar der Bällchen so lange in kochendem Wasser garen, bis sie an die Oberfläche aufgestiegen sind. Dann die Bällchen sofort in

kaltes Wasser geben, abkühlen und abtropfen lassen.

3 Die Sesamsamen in einem Mörser zerstoßen. Den Rohrzucker, den Honig und die Sojasauce mit 3 EL Wasser kurz aufkochen und dann langsam die Sesammasse hineingeben. Gut vermengen und abkühlen lassen.

4 Die Klebereisklößchen mit der Sesamsauce und der abgeriebenen Zitronenschale kalt servieren.

Niwatori-no-Remon-Mushi
Gedämpftes Zitronenhühnchen

- 300 g Hühnerbrustfilet
- 1/2 unbehandelte Zitrone
- Weißwein oder Sherry
- Salz
- 1/2 Bund Schnittlauch
- 1 TL Wasabipulver
- Sojasauce

1 Das Hühnerbrustfilet von Häutchen und Fett befreien und in 3 cm breite Streifen schneiden. In einen Dämpfeinsatz legen. Die Zitrone waschen und in sehr dünne Scheiben schneiden.

2 Das Hühnerbrustfilet mit Weißwein oder Sherry beträufeln, mit Salz würzen und mit den Zitronenscheiben belegen. Etwas Wasser in einem Topf aufkochen, den Dämpfeinsatz in den Topf hängen, den Deckel darauf setzen und das Hühnerbrustfilet bei starker Hitze 15-20 Minuten dämpfen.

3 Den Schnittlauch waschen, trockenschütteln und hacken. Das Wasabipulver mit etwas Wasser verrühren.

4 Das Hühnerbrustfilet mit dem Schnittlauch bestreuen und mit Wasabipaste und Sojasauce servieren.

Niwatori-Dango
Hühnerklößchen

- 200 g Hühnerbrustfilet
- 8 cm frischer Ingwer
- 2 1/2 EL Mirin (süßer Reiswein)
- 3 EL Sojasauce
- 1 kleines Ei
- 1/2 EL Kartoffelstärke
- 100 ml Dashi (japanische Brühe)
- 3 EL Zucker

1 Das Hühnerbrustfilet waschen, mit Küchenpapier trockentupfen und von Fett und Häutchen befreien. Durch den Fleischwolf

drehen. Den Ingwer putzen, schälen und hacken.

2 Das Hühnerbrustfilet, 1/2 EL Mirin und 1/2 EL Sojasauce gut vermengen, das Ei darunter mischen, das Kartoffelmehl und zum Schluss den gehackten Ingwer hineinarbeiten. Aus der Masse kleine Klößchen formen.

3 Dashi, 2 EL Mirin, 2 1/2 EL Sojasauce und Zucker aufkochen. Die Klößchen hineingeben und kochen, bis die Klößchen die Sauce ausgesogen haben. Den Topf vom Herd nehmen und abkühlen lassen.

Tori-Nabe
Hühnertopf

- 400 g Hühnerbrustfilet
- 5 Blätter Chinakohl
- 8 frische Shiitake-Pilze
- 100 g frische Austernpilze
- 4 Frühlingszwiebeln
- 200 g Blattspinat
- 1 Möhre
- 1 Bund Schnittlauch
- 200 g Rettich
- Saft einer Zitrone
- 1 TL Dashi (japanische Brühe)
- 1 TL Sojasauce
- 10 cm Konbu (Seetang)
- Japanisches Chilipulver

1 Das Hühnerbrustfilet waschen, mit Küchenpapier trockentupfen, von Fett und Häutchen befreien und in mundgerechte Stücke schneiden.

2 Chinakohl, Shiitake-Pilze, Austernpilze, Frühlingszwiebeln und Spinat waschen, putzen und zerkleinern. Die Möhre putzen, schälen und in Scheiben schneiden. Den Schnittlauch waschen, trockenschütteln und hacken. Den Rettich putzen, schälen, fein reiben und das Geriebene etwas ausdrücken.

3 Den Zitronensaft, das Dashi und die Sojasauce gut vermischen.

4 Den Konbu und darauf das Hühnerbrustfilet in einen flachen Topf legen. Wasser hinzugeben, sodass alles bedeckt ist, und aufkochen. Nach und nach Chinakohl, Shiitake-Pilze, Austernpilze, Frühlingszwiebeln, Spinat und Möhre hineingeben und bissfest garen. Den entstehenden Schaum ständig abschöpfen. Alles auf Tellern anrichten.

5 Am Tisch den Rettich, den Schnittlauch und die Sauce verrühren und zu dem Hühnerbrustfilet und dem Gemüse geben. Das japanische Chilipulver macht das Ganze noch etwas pikanter.

Buta-Nabe
Schweinetopf

- 100 g Glasnudeln
- 400 g Blattspinat oder Chinakohl
- 10 cm Konbu (Seetang)
- 1 Bund Schnittlauch
- 550 ml Dashi (japanische Brühe)
- 50 ml Sojasauce
- Saft einer Zitrone
- Sake (japanischer Reiswein)
- Chilipulver
- 300 g in hauchdünne Scheiben geschnittene Schweinelende

1 Die Glasnudeln etwa 10 Minuten in kaltem Wasser einweichen.

2 Den Blattspinat oder Chinakohl waschen, putzen und in mundgerechte Stücke schneiden. Den Konbu waschen. Den Schnittlauch waschen, trockenschütteln und hacken.

3 50 ml Dashi, Sojasauce, Zitronensaft, einen Schuss Sake und eine Messerspitze Chilipulver gut mischen. Die Glasnudeln abtropfen lassen und in kleine Stücke schneiden.

4 500 ml Dashi und den Konbu zum Kochen bringen. Die Schweinelende, den Spinat oder Chinakohl und die Glasnudeln etwa 15 Minuten darin garen.

5 Das Fleisch, den Spinat oder Chinakohl und die Glasnudeln auf Tellern anrichten und mit der Sauce und dem Schnittlauch servieren.

Tipp: Das Gericht schmeckt am besten, wenn es, wie Fondue, am Tisch zubereitet wird.

Sukiyaki
Japanische Rindfleischpfanne

- 100 g Glasnudeln
- 300 g Tofu
- 1 Bund Frühlingszwiebeln
- 200 g Chinakohl
- 1 Bund Petersilie
- 4 Eier
- 400 g in hauchdünne Scheiben geschnittene Rinderlende
- Rinderfett zum Braten
- 100 g Zucker
- 100 ml Sojasauce

1 Die Glasnudeln mindestens 10 Minuten in kaltem Wasser einweichen. Den Tofu kurz in kaltes Wasser tunken, abtropfen lassen, der Breite nach halbieren und in 2 x 2 cm große Stücke schneiden.

2 Die Frühlingszwiebeln und den Chinakohl waschen, putzen und in lange Stücke schneiden. Die Petersilie waschen und trockenschütteln.

3 Die Eier in eine Schüssel schlagen und quirlen. Die Glasnudeln abtropfen lassen und in 5 cm lange Stücke schneiden. Glasnudeln, Rinderlende, Tofu, Frühlingszwiebeln und Chinakohl auf Tellern anrichten.

4 Am Tisch das Rinderfett in einer Pfanne erhitzen. Die Rinderlende hineingeben und von beiden Seiten anbraten. Den Zucker darüber streuen und die Sojasauce hinzufügen. Nacheinander Glasnudeln, Tofu, Frühlingszwiebeln, Chinakohl und Petersilie hineingeben.

5 Um die Pfanne sitzend, nimmt sich jeder, was gar ist, heraus und tunkt es in das geschlagene Ei.

Tipp: Sollte die Sauce in der Pfanne ausgehen, kann diese aus 100 ml Sojasauce, 100 ml Mirin und 100 ml Sake nachgemacht werden.

Shabu-Shabu
Rindfleischfondue

100 g Glasnudeln
2 Frühlingszwiebeln
150 g Chinakohl
50 g frische Shiitake-Pilze
300 g in hauchdünne Scheiben geschnittene Rinderlende
Saft von 2 Zitronen oder Limonen
8 EL Sojasauce
2 EL Reisessig
1/2 EL Zucker
1-2 TL Chilisauce (Hot Bean Sauce)
2 EL geröstete und zerstoßene Sesamsamen
10 cm Konbu (Seetang)

1 Die Glasnudeln mindestens 10 Minuten in kaltem Wasser einweichen.

2 Die Frühlingszwiebeln waschen, putzen und schräg in 5 cm lange Stücke schneiden. Etwa 1 EL Frühlingszwiebeln hacken. Den Chinakohl waschen, putzen und in mundgerechte Stücke schneiden. Die Shiitake-Pilze waschen, putzen und zerreißen.

3 Die Glasnudeln abtropfen lassen und in 10 cm lange Stücke schneiden.

4 Glasnudeln, Frühlingszwiebelstücke, Chinakohl, Shiitake-Pilze und Rinderlende auf Tellern anrichten.

5 Den Zitronensaft und 4 EL Sojasauce gut verrühren. In einer anderen Schale 4 EL Sojasauce, Reisessig, Zucker, Chilisauce, Sesamsamen und gehackte Frühlingszwiebeln vermischen.

6 Am Tisch Wasser mit dem Konbu zum Kochen bringen. Etwas Fleisch, Glasnudeln oder Gemüse kurz im kochenden Wasser garen und in eine der Saucen tunken. Den entstehenden Schaum und das Fett immer wieder abschöpfen.

Awayuki-Kan
Schneegelee

- 1 Stück Kanten (Gelatine aus Seetang)
- 2 Eiweiß
- 150 g Zucker

1 Den Kanten etwa 5 Minuten in kaltem Wasser einweichen. Das Eiweiß steif schlagen.

2 Den Kanten aus dem Wasser nehmen, gut ausdrücken und in Stücke zerreißen. Mit 360 ml Wasser aufkochen und bei mittlerer Hitze etwa 25 Minuten kochen, bis der Kanten aufgelöst ist.

3 Die Flüssigkeit durch ein Sieb gießen, den Zucker unterrühren und den Eischnee unterheben. Die Masse kurz erhitzen, dabei gut umrühren und vom Herd nehmen. Weitere 5 Minuten vorsichtig umrühren. Eine Kastenform mit Wasser ausspülen, die Masse hineingeben und abkühlen lassen.

4 Wenn die Masse fest ist, das Gelee auf einen Teller stürzen und in mundgerechte Stücke schneiden.

Rezeptindex

索引

Kozue Jaroš-Matsuo wurde 1943 in Naruto-shi, Japan, geboren. 1965 kam sie nach Deutschland. Seit 1975 Jahren führt sie interessierte Hobbyköche an den Volkshochschulen Feldkirchen und München als Kochkursleiterin in die asiatische, besonders in die japanische Küche ein und gehört seit 1999 zu den Gastköchen in Harald's Kochschule in München. Ihre kulinarischen Kenntnisse gibt sie auch bei zahlreichen Kochvorführungen auf Messen und in Schulen in Deutschland, Österreich und der Schweiz weiter und berät Firmen zu asiatischen Lebensmitteln und Küchengeräten. Darüber hinaus arbeitet sie als Deutschland-Korrespondentin für japanische Zeitschriften zu den Themen Kochen, Ernährung und Gesundheit. Kozue Jaroš-Matsuo lebt bei München.

Notizen

Notizen

Notizen

KUNST, KULTUR

Das Beste au

Unterwegs durch New Yorks
Küche mit Kultkünstler
James Rizzi
ISBN 3-87287-440-3 · DM 68,–/sFr 62,–/öS 496,–

Floridas *Sonne* ***und Floridas***
Küche ***– illustriert von***
Romero Britto
ISBN 3-87287-452-7 · DM 68,–/sFr 62,–/öS 496,–

Let's have fun *with the s*
Kitty Kahane's *zauberhaf*
Fisch-Kochbuch
ISBN 3-87287-473-X · DM 68,–/sFr 62,–/öS 496

Let's eat out ***– die besten***
Rezepte aus Amerikas
Kultrestaurants
ISBN 3-87287-463-2 · DM 49,90,–/sFr 46,–/öS 364,–

Für Männer, die ihre *Liebste*
mal *richtig begeistern*
wollen
ISBN 3-87287-469-1 · DM 29,90/sFr27,50/öS 218,–

Das frechste und lustig
Kochbuch, das jemals au
dem Küchentisch lag
ISBN 3-87287-472-1 · DM 34,90/sFr 32,50/öS 2

In jeder guten Buchhandlung

UND KOCHEN
dem Mary Hahn Verlag

Das prächtige Kochbuch – mit dem Meistersurrealisten ins Schlaraffenland

ISBN 3-87287-471-3 · DM 68,–/sFr 62,–/öS 496,–
Sonderausgabe mit einer bisher unveröffentlichten faksimilierten Graphik von S. Dali
ISBN 3-87287-468-3 · DM 198,–/sFr 176,–/öS 1445,–

Verführungen für Geniesser. Schlemmen wie zur Zeit des Rokoko

ISBN 3-87287-453-5 · DM 68,–/sFr 62,–/öS 496,–

Schlemmen im Dreivierteltakt – und die Musik ist auch dabei!

ISBN 3-87287-474-8 · DM 78,–/sFr 71,–/öS 569,–
Mit CD

Die Musikwelt bittet zu Tisch – zu Gast bei Familie Strauss

ISBN 3-87287-467-5 · DM 58,–/sFr 52,50/öS 423,–
Mit CD

Viva Andalusia – eine kulinarische Reise durch das Land des Sherrys

ISBN 3-87287-459-4 · DM 68,–/sFr 62,–/öS 496,–

Das italienische Kochbuch vom Begründer der beliebtesten Länderküche

ISBN 3-87287-443-8 · DM 49,90/sFr 46,–/öS 364,–

In jeder guten Buchhandlung